Caligrafia

Déborah Pádua Mello Neves

Foi professora primária e, a partir de 1970, passou a publicar pelo IBEP/Companhia Editora Nacional obras didáticas dentre as quais estão: *A Mágica da Comunicação*, *A Mágica da Matemática*, *A Mágica dos Estudos Sociais e Ciências* e *A Mágica do Aprender*; *Viajando com as Palavras*, *Viajando com os Números*, *Viajando com os Estudos Sociais e Ciências*, *Viajando com o Saber*, obra adotada pela FAE; Coleção Tobogan; *Ciranda do Saber de Português*, *Matemática*, *Estudos Sociais e Ciências*; *O Livro do Saber: Português*, *Matemática*, *Estudos Sociais e Ciencias*, entre outros títulos.

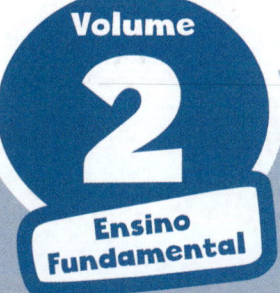

Volume 2
Ensino Fundamental

3ª edição
São Paulo
2015

Coleção Eu gosto m@is
Caligrafia Volume 2
© IBEP, 2015.

Diretor superintendente	Jorge Yunes
Diretora editorial	Célia de Assis
Gerente editorial	Maria Rocha Rodrigues
Coordenadora editorial	Simone Silva
Assessoria pedagógica	Valdeci Loch
Analista de conteúdo	Cristiane Guiné
Assistente editorial	Fernanda Santos
	Bárbara Vieira
Coordenadora de revisão	Helô Beraldo
Revisão	Beatriz Hrycylo, Cássio Dias Pelin, Fausto Alves Barreira Filho, Luiz Gustavo Bazana, Rosani Andreani, Salvine Maciel
Secretaria editorial e Produção gráfica	Fredson Sampaio
Assistentes de secretaria editorial	Carla Marques, Karyna Sacristan, Mayara Silva
Assistentes de produção gráfica	Ary Lopes, Eliane Monteiro, Elaine Nunes
Coordenadora de arte	Karina Monteiro
Assistentes de arte	Aline Benitez, Gustavo Prado Ramos, Marilia Vilela, Thaynara Macário
Coordenadora de iconografia	Neuza Faccin
Assistentes de iconografia	Bruna Ishihara, Camila Marques, Victoria Lopes, Wilson de Castilho
Ilustração	José Luís Juhas, Imaginário Stúdio, Eunice/Conexão João Anselmo e Izomar
Processos editoriais e tecnologia	Elza Mizue Hata Fujihara
Projeto gráfico e capa	Departamento de Arte - IBEP
Ilustração da capa	Manifesto Game Studio
Diagramação	N-Publicações

CIP-BRASIL. CATALOGAÇÃO-NA-FONTE
SINDICATO NACIONAL DOS EDITORES DE LIVROS, RJ

N425c
3. ed.

    Neves, Déborah Pádua Mello
        Caligrafia, volume 2 / Déborah Pádua Mello Neves. - 3. ed. - São Paulo : IBEP, 2015.
        il. ; 28 cm.   (Eu gosto mais)

    ISBN 9788534244534 (aluno) / 9788534244541 (mestre)

    1. Caligrafia - Técnica. 2. Escrita. 3. Caligrafia - História. I. Título. II. Série.

15-23029   CDD: 745.61
                                       CDU: 003.076

22/05/2015   29/05/2015

3ª edição – São Paulo – 2015
Todos os direitos reservados

Av. Alexandre Mackenzie, 619 - Jaguaré
São Paulo – SP – 05322-000 – Brasil – Tel.: (11) 2799-7799
www.editoraibep.com.br   editoras@ibep-nacional.com.br
Impresso na Leograf Gráfica e Editora - Setembro/2024

APRESENTAÇÃO

Querido aluno, querida aluna,

Aprender a ler e escrever é uma delícia!

Vamos aprendendo, aprendendo e, de repente, sabemos ler!

Começamos a ler tudo em todos os lugares: nos cartazes de propaganda, nas placas dos carros, nos folhetos, nos rótulos, nas revistas...

Mas é preciso treinar muito para também saber escrever tudo aquilo que já aprendemos.

Esta obra foi feita especialmente para ajudá-los nessa fase de aprendizado.

Aproveitem as atividades de seu livro, enfrentem os desafios que ele traz, aprendam e divirtam-se!

Um grande abraço,

Déborah Pádua Mello Neves

SUMÁRIO

LIÇÃO		PÁGINA
1	Fase preparatória	6
2	As vogais a, e, i, o, u	12
3	As consoantes	15
4	Encontros vocálicos	17
5	Os números	20
6	As sílabas ba, be, bi, bo, bu	23
7	As sílabas ca, co, cu	24
8	As sílabas ce, ci	26
9	As sílabas ça, ço, çu	28
10	As sílabas da, de, di, do, du	30
11	As sílabas fa, fe, fi, fo, fu	32
12	As sílabas ga, go, gu	34
13	As sílabas ge, gi	36
14	As palavras que começam com h	38
15	As sílabas ja, je, ji, jo, ju	40
16	As sílabas la, le, li, lo, lu	42
17	As sílabas ma, me, mi, mo, mu	44
18	As sílabas na, ne, ni, no, nu	46
19	As sílabas pa, pe, pi, po, pu	48
20	As sílabas qua, quo	50
21	As sílabas que, qui	52

22	As sílabas ra, re, ri, ro, ru	54
23	Palavras com ar, er, ir, or, ur	56
24	Palavras com rr	57
25	Palavras com sa, se, si, so, su	59
26	Palavras com ss	60
27	Palavras com s e som de z	63
28	Palavras com as, es, is, os, us	65
29	Palavras com ta, te, ti, to, tu	67
30	As sílabas va, ve, vi, vo, vu	68
31	Os cinco sons do x	70
32	As sílabas za, ze, zi, zo, zu	73
33	Palavras com az, ez, iz, oz, uz	75
34	Palavras com al, el, il, ol, ul	77
35	Palavras com ão, ã	79
36	Palavras com n depois de vogal	82
37	Palavras com m antes de p e b	84
38	Palavras com nha, nhe, nhi, nho, nhu	86
39	Palavras com lha, lhe, lhi, lho, lhu	88
40	Palavras com cha, che, chi, cho, chu	90
41	Palavras com bl, cl, fl, gl, pl, tl	93
42	Palavras com br, cr, dr, fr, gr, tr, vr	95

LIÇÃO 1 Fase preparatória

1 Faça como no modelo.

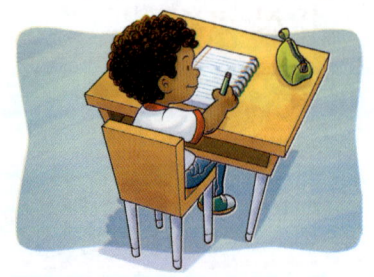

2) Faça como no modelo.

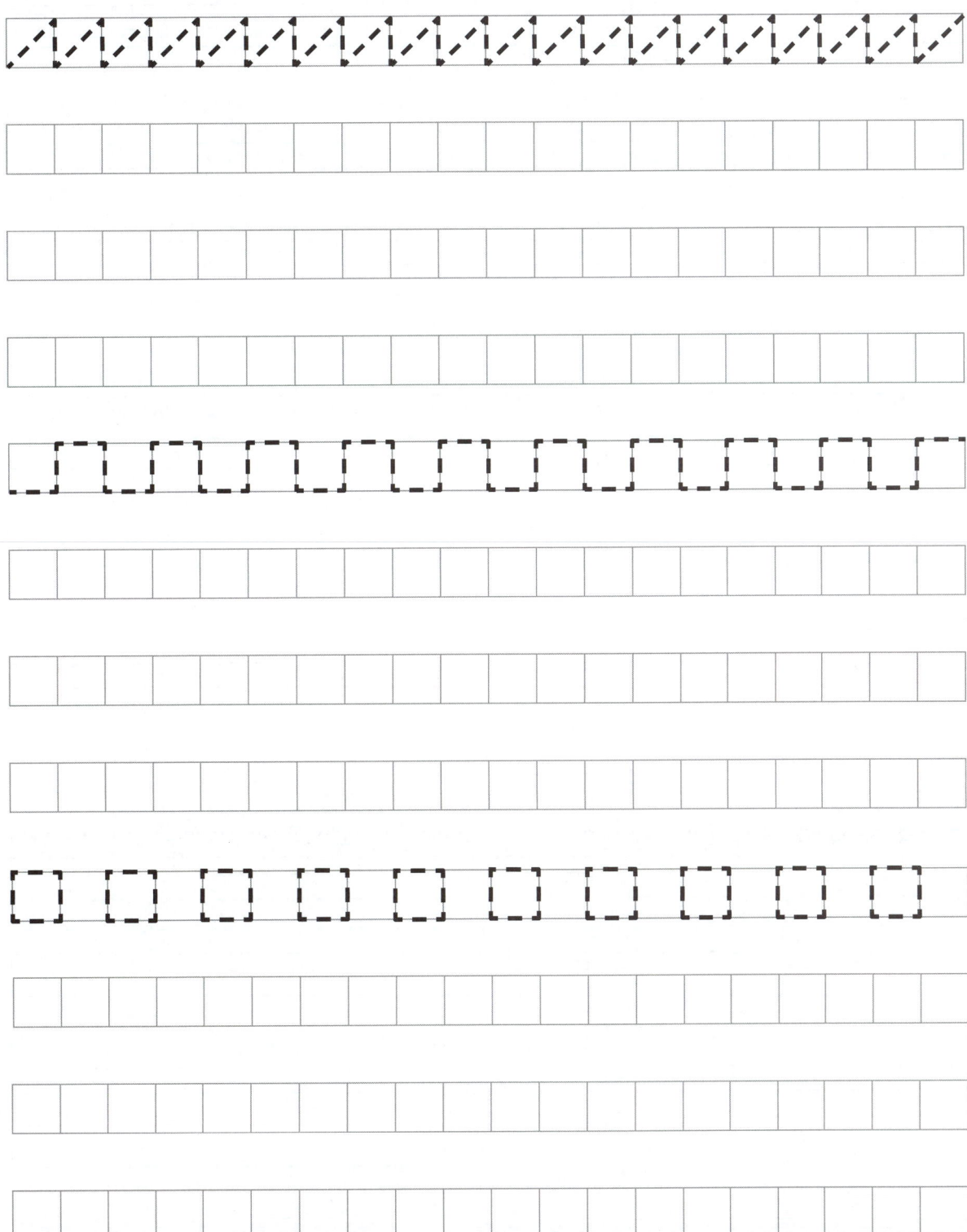

3 Faça como no modelo.

Vamos conhecer o alfabeto da Língua Portuguesa

O alfabeto da Língua Portuguesa tem 26 letras. As letras podem ser maiúsculas e minúsculas. O alfabeto é formado por vogais e consoantes.

As **vogais** são:

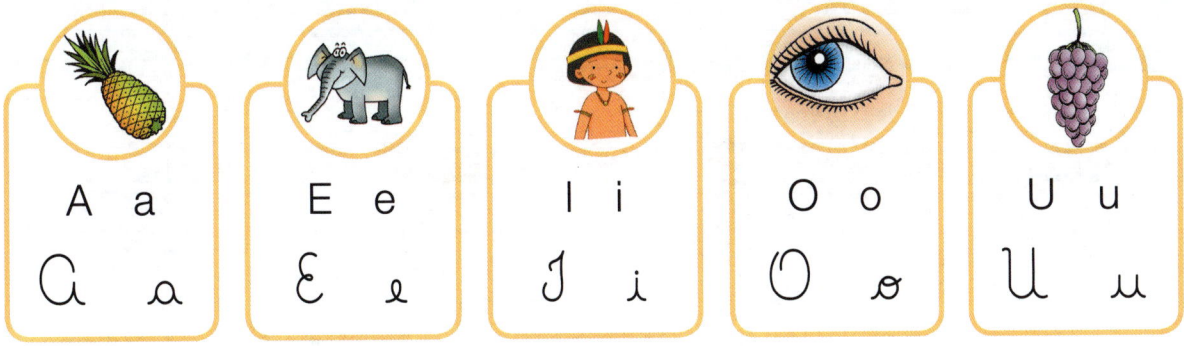

As **consoantes** são:

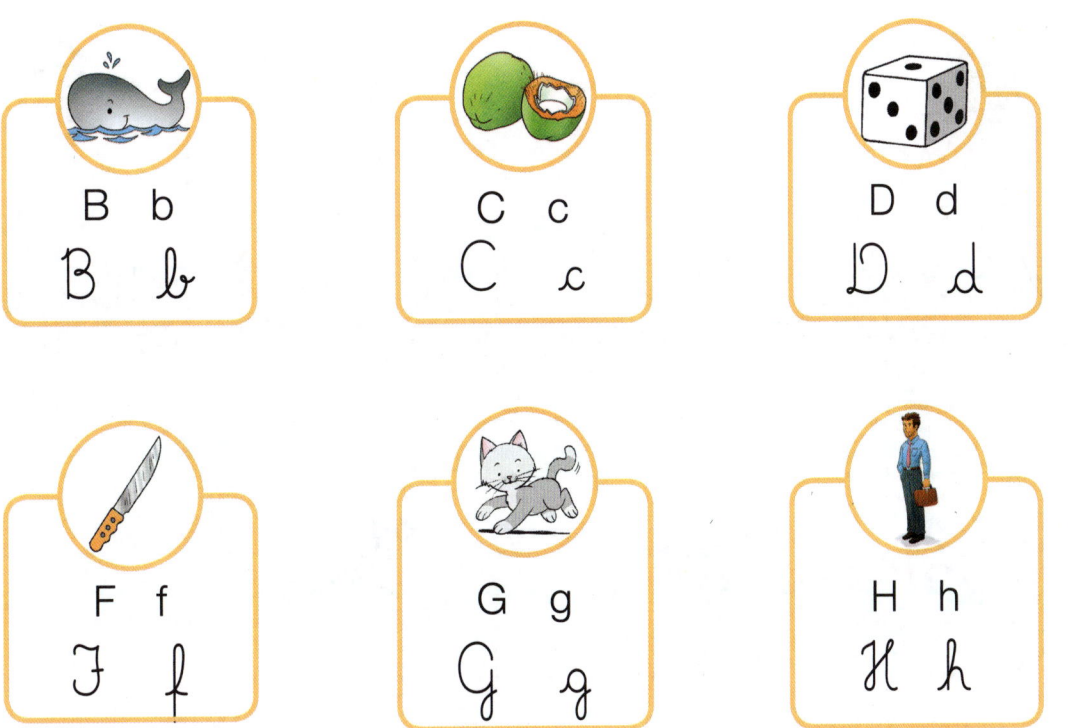

J j	K k	L l	M m
J j	*K k*	*L l*	*M m*

N n	P p	Q q	R r
N n	*P p*	*Q q*	*R r*

S s	T t	V v	W w
S s	*T t*	*V v*	*W w*

X x	Y y	Z z
X x	*Y y*	*Z z*

CALIGRAFIA

ATIVIDADE

Copie o alfabeto maiúsculo e minúsculo nas linhas abaixo.

Aa Bb Cc Dd Ee

Ff Gg Hh Ii Jj Kk

Ll Mm Nn Oo Pp

Qq Rr Ss Tt Uu

Vv Ww Xx Yy Zz

LIÇÃO 2
As vogais a, e, i, o, u

Observe as vogais.

ATIVIDADES

 Complete as linhas com as vogais.

a   a   a

A   A   A

e   e   e

E   E   E

i   i   i

J   J   J

o   o   o

O   O   O

u   u   u

U   U   U

2. Escreva as vogais nas bexigas.

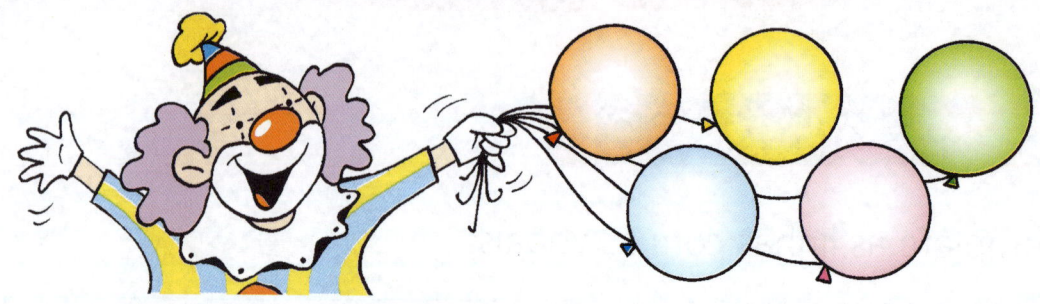

3. Complete as palavras com vogais.

4. Complete com vogais maiúsculas os nomes próprios.

na   lga   racema   baldo

lza   driana   ris   lisses

lice   duardo   vete   dete

rlando   van   lvira   rbano

As consoantes

Observe as consoantes no desenho abaixo.
Elas estão em ordem alfabética e com letra minúscula.

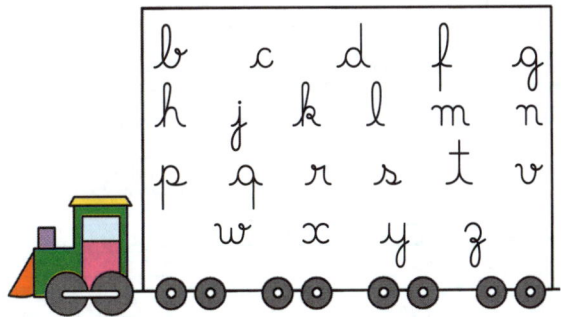

 **ATIVIDADES**

1. Copie as consoantes maiúsculas nas linhas abaixo.

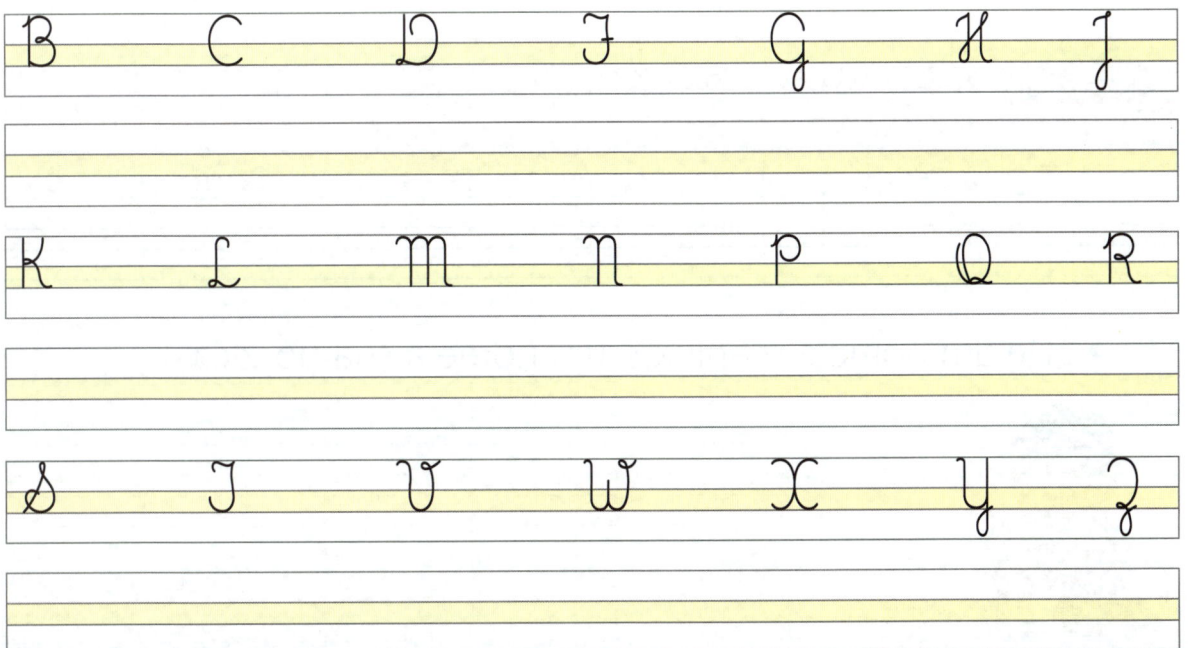

2 Complete os nomes próprios a seguir com consoantes maiúsculas.

icardo   élio   aria   osé   úcia

- Escreva os nomes:

do seu papai

da sua mamãe

da sua professora

da sua escola

- Dê um nome à menina e um nome à sua boneca.

LIÇÃO 4 — Encontros vocálicos

Observe.

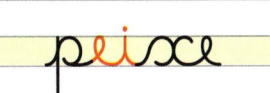
peixe

coelho

balão

Nas palavras peixe, coelho e balão, temos vogais juntas: são os **encontros vocálicos**.

ai   au   ei   eu

iu   ia   ua   oi

ATIVIDADES

1 Copie os encontros vocálicos.

ai

au

ei

eu

iu

ua

oi

2 Complete as palavras com encontros vocálicos.

relóg   fog   p xe

chap___   M___ra   bac___

___l___   c___lho   coraç___

3 Complete os nomes com encontros vocálicos.

Mar___   Antôn___   Nicol___

Jo___   Al___de   ___nice

4 Ajude o cão a encontrar sua casinha.

LIÇÃO 5 — Os números

 **ATIVIDADES**

1. Siga os traços com o dedo. Depois, complete.

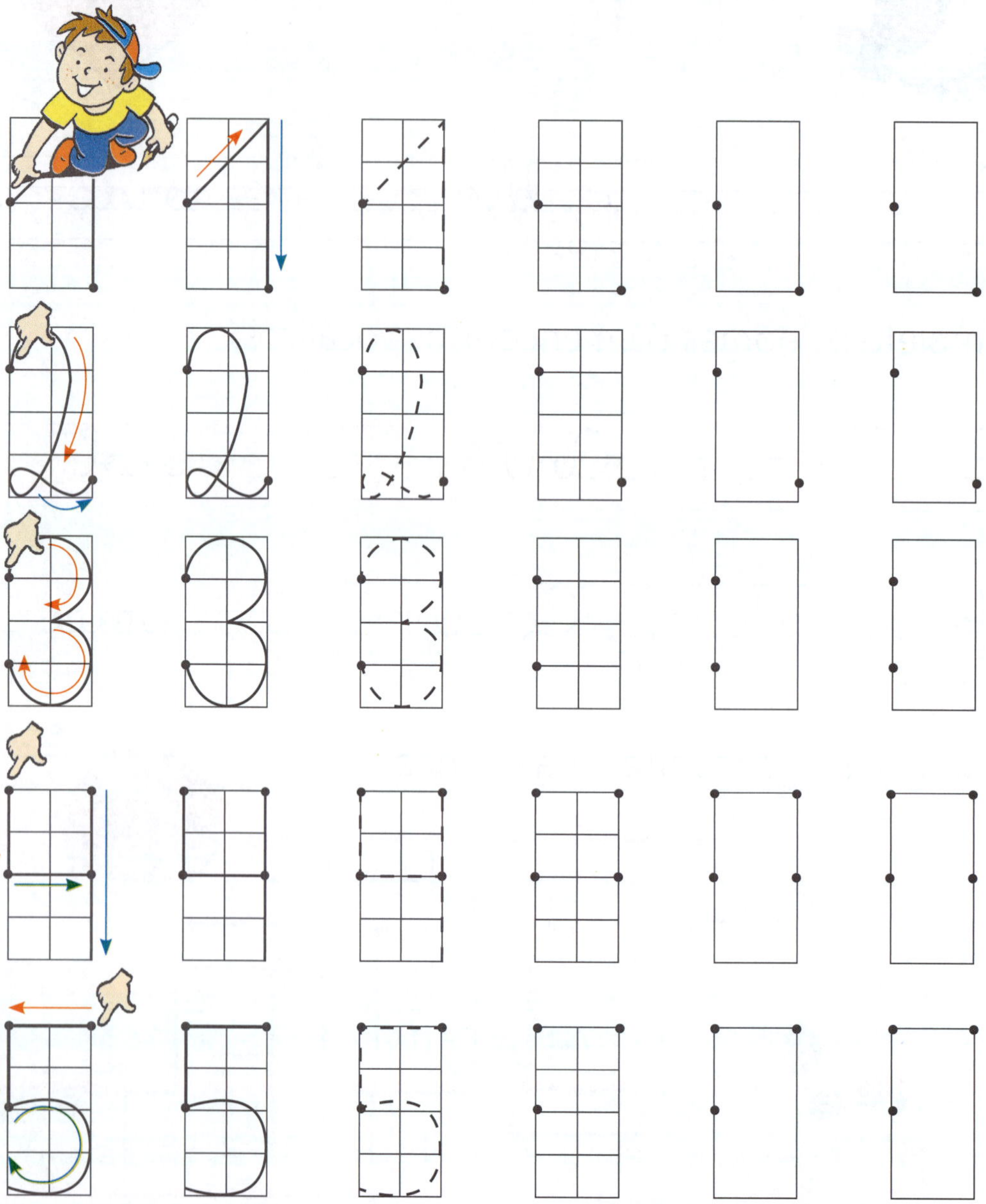

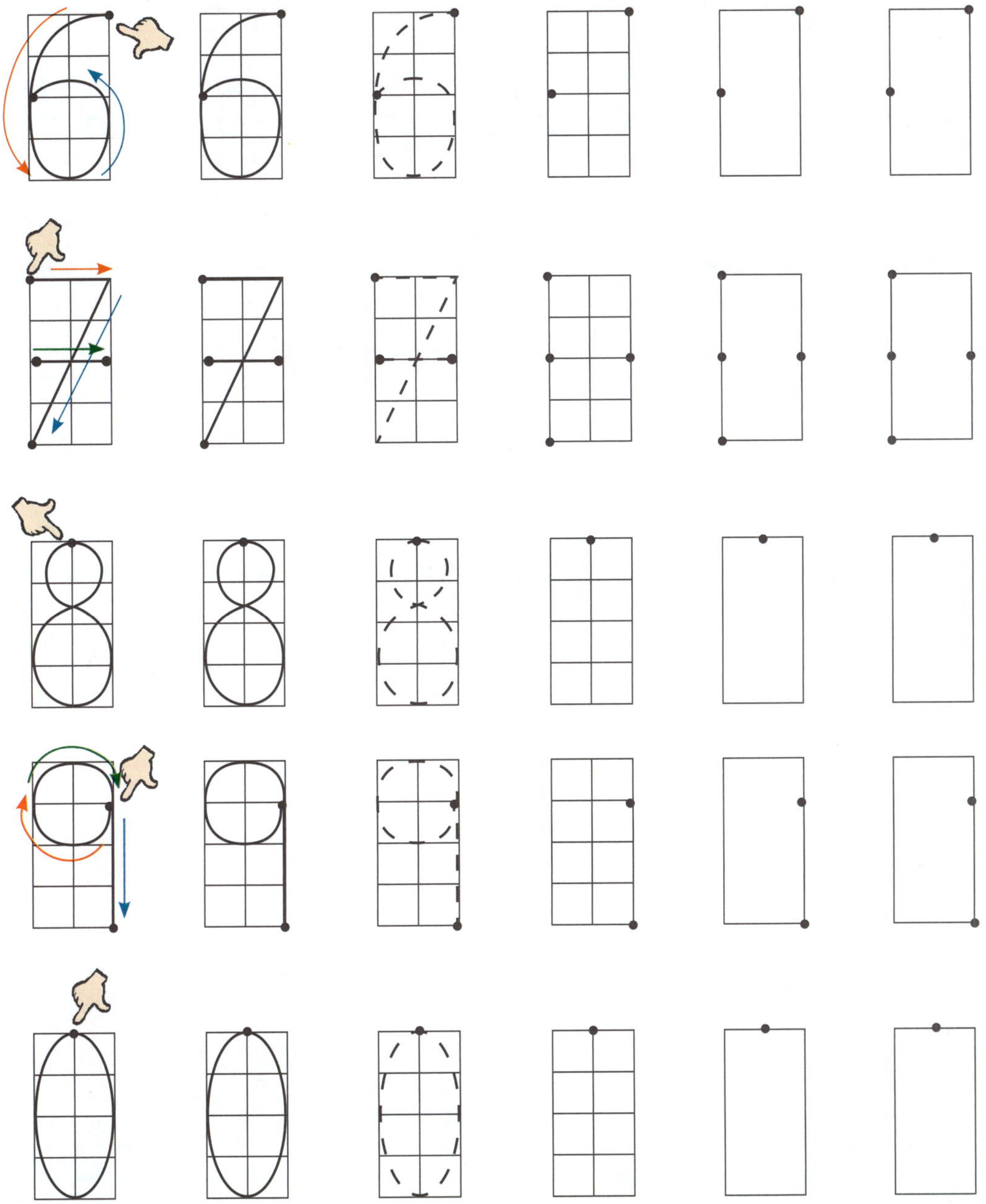

2 Copie.

0   zero   1   um   2   dois

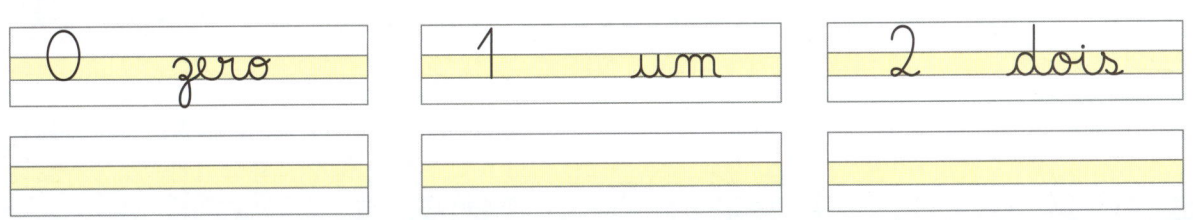

3 três   4 quatro   5 cinco

6 seis   7 sete   8 oito

9 nove   10 dez

3 Copie nas linhas abaixo os números de 0 a 9.

0 - 1 - 2 - 3 - 4 - 5 - 6 - 7 - 8 - 9

As sílabas ba, be, bi, bo, bu

Observe.

bule

ATIVIDADES

1 Copie.

ba   be   bi   bo   bu

Ba   Be   Bi   Bo   Bu

2 Complete as palavras com as sílabas **ba**, **be**, **bi**, **bo** ou **bu**.

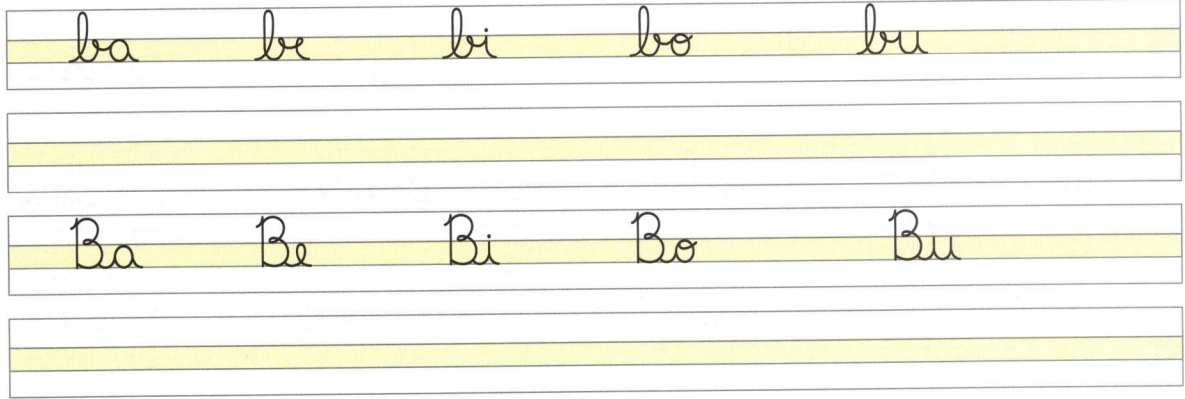

LIÇÃO 7 — As sílabas ca, co, cu

Observe.

cavalo

cobra

cubo

ATIVIDADES

1 Complete as palavras com as sílabas **ca**, **co** ou **cu**.

___melo   bone___   po___   ___sa

___ruja   ___valo   ___deira   ___fre

___mida   ___zinha   ___bo   ___ju

2 Copie as frases, substituindo os desenhos pelas palavras correspondentes.

Caio quebrou o  de vidro.

Camila ganhou uma  .

_____

_____

A 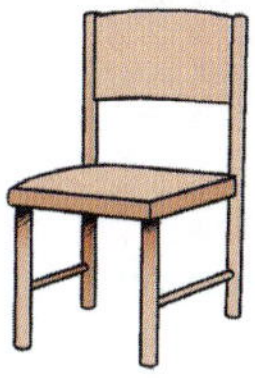  está quebrada.

_____

_____

Caio põe  no cofre.

_____

_____

Carol gosta de  .

_____

_____

As sílabas ce, ci

Observe.

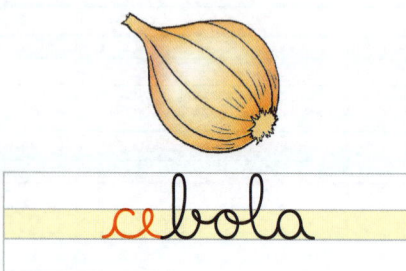

ATIVIDADES

1 Copie as frases, substituindo os desenhos pelas palavras correspondentes.

Celina comprou um .

O coelho gosta de .

2 Ligue as partes e forme palavras.

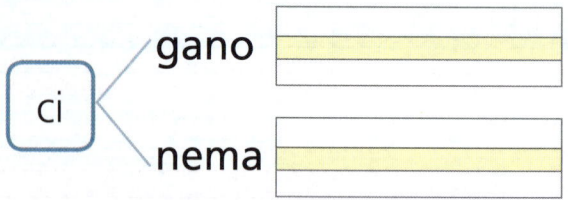

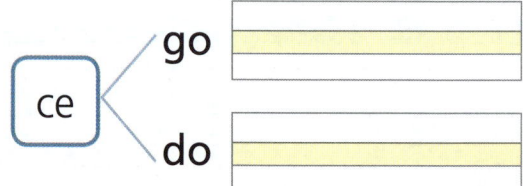

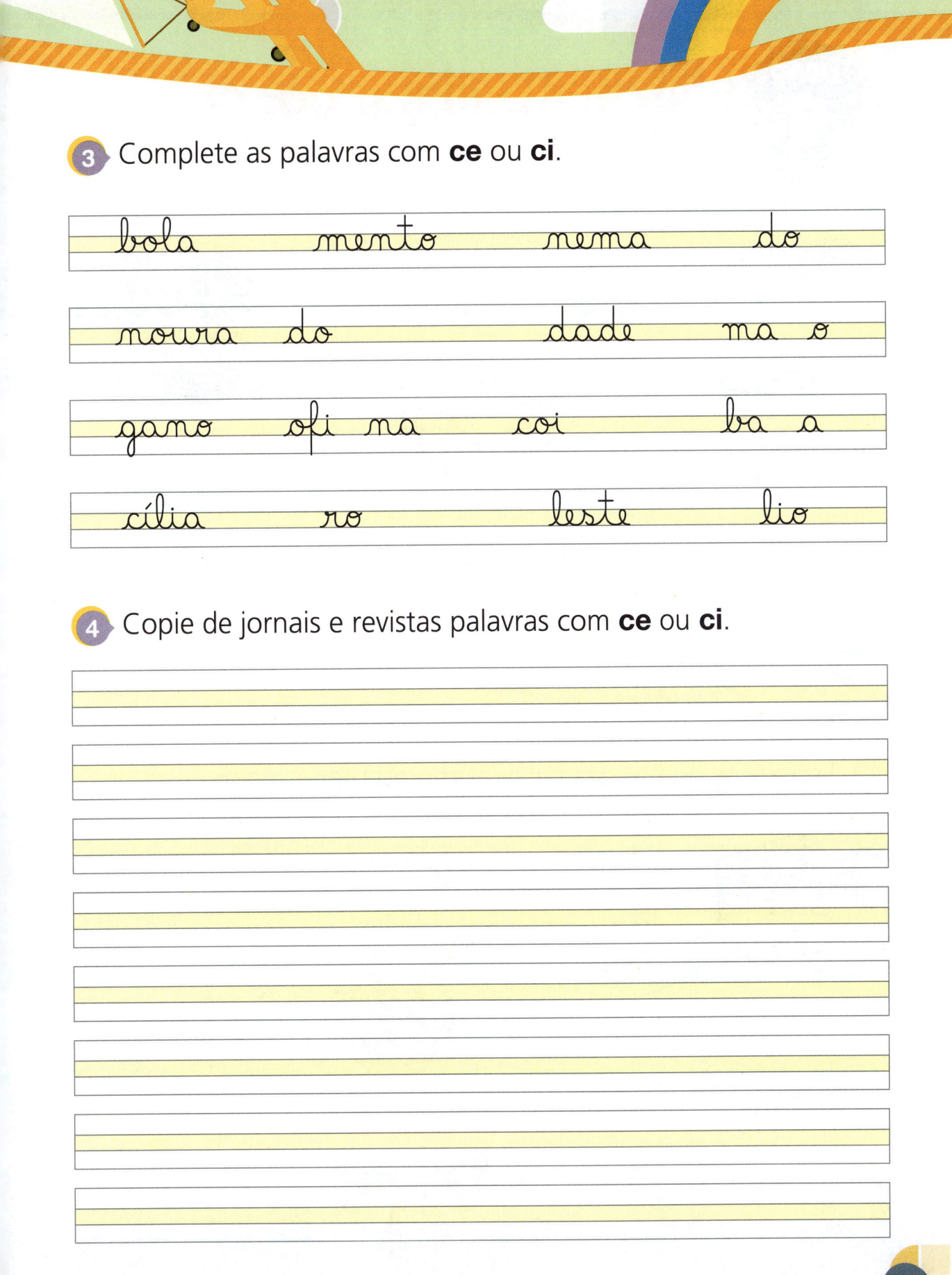

3. Complete as palavras com **ce** ou **ci**.

bola____mento ____nema ____do

____noura ____do ____dade ____ma____o

____gano ofi____na coi____ coi____ba____a

____cília ____ro ____leste ____lio

4. Copie de jornais e revistas palavras com **ce** ou **ci**.

LIÇÃO 9 — As sílabas ça, ço, çu

Observe.

taça   açucareiro   poço

 **ATIVIDADES**

1 Escreva os nomes das palavras representadas pelos desenhos.

2. Separate as sílabas das palavras.

raça

açúcar

louça

cabeça

pedaço

bagaço

3. Leia e complete.

O que é, o que é?
É branco como a neve,
Doce como o mel.
Eu uso nos bolos,
No leite e no café.
O que é?
É o _____.

Lição 10: As sílabas da, de, di, do, du

Observe.

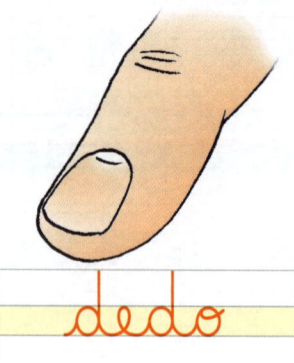

dado — dedo — doce

ATIVIDADES

1. Copie as sílabas nas linhas abaixo.

da   de   di   do   du

Da   De   Di   Do   Du

2 Complete as palavras abaixo com as sílabas **da**, **de**, **di**, **do** ou **du**.

| bo | cabi | ca | co | coca |

| cida | doi | cuida | | ra |

| niela | nise | bora | | lce |

3 Copie as frases a seguir.

O dedão de Diogo doeu.

Davi gosta de doce.

Débora joga dama com Daniel.

O dado é da Eduarda.

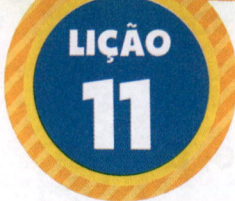

LIÇÃO 11

As sílabas fa, fe, fi, fo, fu

Observe.

faca

fogo

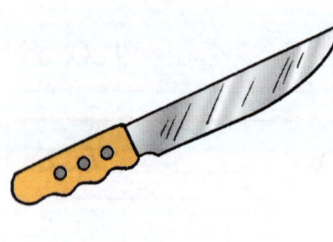

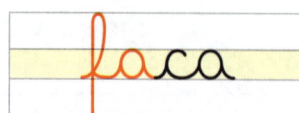

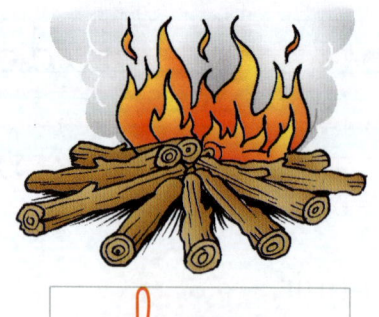

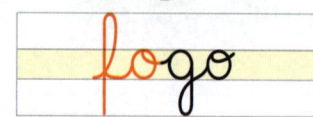

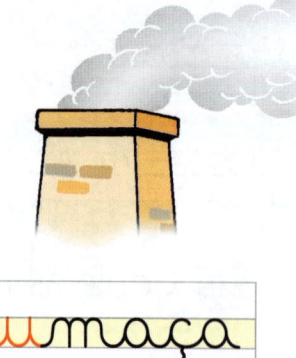

fumaça

ATIVIDADES

1 Separe as sílabas das palavras.

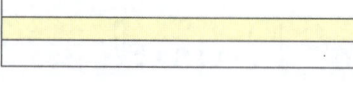

farofa

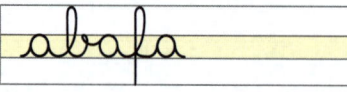

abafa

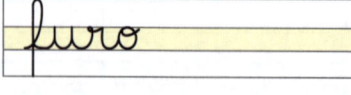

furo

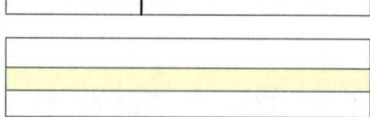

fubá

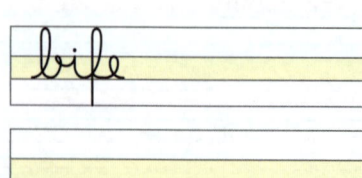

bife

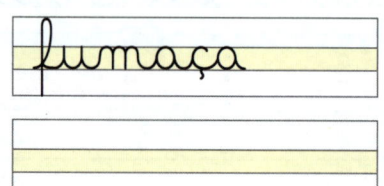

fumaça

② Complete as palavras abaixo com as sílabas **fa**, **fe**, **fi**, **fo** ou **fu**.

③ Copie a frase.

Fábio deu a folha para Fabrício.

LIÇÃO 12 — As sílabas ga, go, gu

Observe.

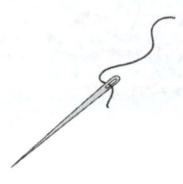

gato

figo

agulha

 **ATIVIDADES**

1. Copie as frases a seguir.

O galo e a galinha comeram a minhoca.

O goleiro defendeu muitos gols.

Guga gosta de goiaba.

2 Complete as palavras abaixo com as sílabas **ga**, **go** ou **gu**.

| bi___de | fu___ | ___al | dão |

| ___de | ___lodice | ___do |

| ___la | a___lha | ___la |

3 Separe as sílabas das palavras.

| gato | | galo |

| gola | | gado |

| guloso | | gula |

35

Lição 13 — As sílabas ge, gi

Observe.

gelo   girafa   tigela

ATIVIDADES

1 Complete as palavras com **ge** ou **gi** e, depois, copie-as.

ma____   ____rassol   reló____o

2 Separe as sílabas das palavras.

| página | | gelatina | | gengiva |

3 Copie as frases nas linhas abaixo.

Gisele ganhou um relógio de Gilda.

Geraldo e Gilberto gostam de geleia.

LIÇÃO 14 — As palavras que começam com h

Observe.

hipopótamo  hélice  homem

ATIVIDADES

1 Cubra os pontilhados.

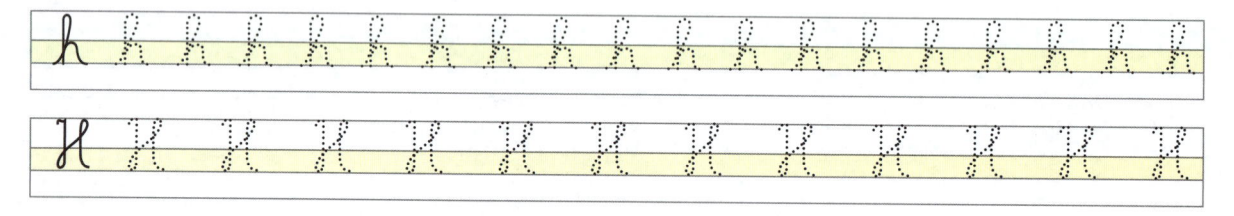

h h h h h h h h h h h h h h h h h h h h h

H H H H H H H H H H H H H

2 Copie as palavras nas linhas abaixo.

harpa   horta   hoje

holofote   herói   havia

hotel   humor   hindu

hora   Honduras   Heloísa

3. Separe as sílabas das palavras.

honesto   harpa

hospital   hora

Helena   Hugo

humilde   homem

LIÇÃO 15

As sílabas ja, je, ji, jo, ju

Observe.

jabuti   jiboia   caju

ATIVIDADES

1. Copie as frases nas linhas abaixo.

Joana e João gostam de feijoada.

Juca e Janete estão no jipe.

2. Ligue os nomes aos desenhos correspondentes.

jaca

jacaré

joia

caju

3. Copie as palavras.

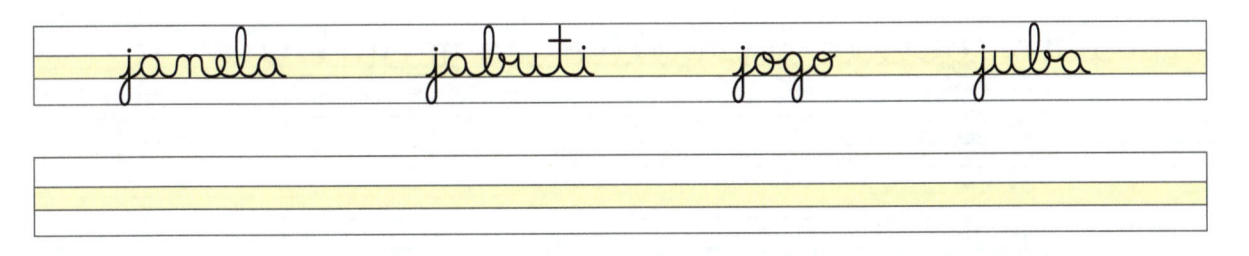

janela   jabuti   jogo   juba

4. Complete com as sílabas **ja**, **je**, **ji**, **jo** ou **ju**.

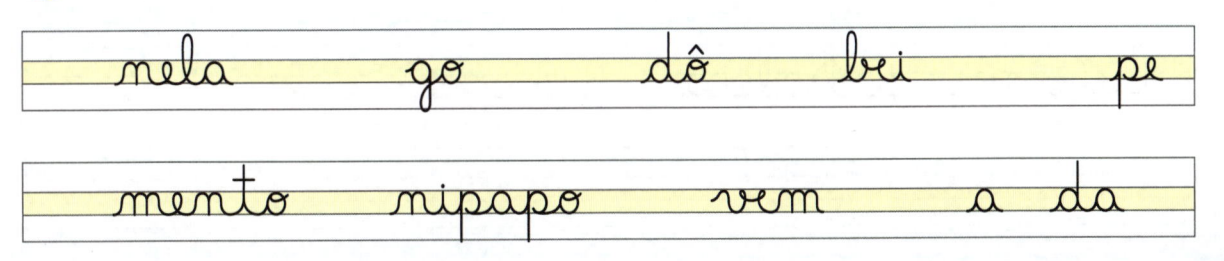

___nela   ___go   ___dô   ___bei   ___pe

___mento   ___nipapo   ___vem   ___a___da

LIÇÃO 16
As sílabas la, le, li, lo, lu

Observe.

lata 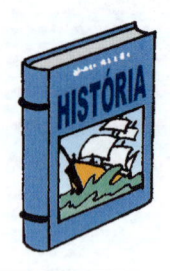   livro    luva

ATIVIDADES

1. Copie as frases.

Laura gosta de melão com melado.

O cabelo de Letícia é bonito.

Luís viu a baleia.

2 Separe as sílabas das palavras.

| favela | lagoa | letra |

| luar | aula | lobo |

3 Copie as palavras.

elefante

bolo

bule

luar

bala

leão

leite

LIÇÃO 17

As sílabas ma, me, mi, mo, mu

Observe.

macaco   **me**ia   **mo**la

ATIVIDADES

1. Separe as sílabas das palavras.

cama

amiga

mudo

medalha

medo

migalha

2 Ligue as sílabas e forme palavras.

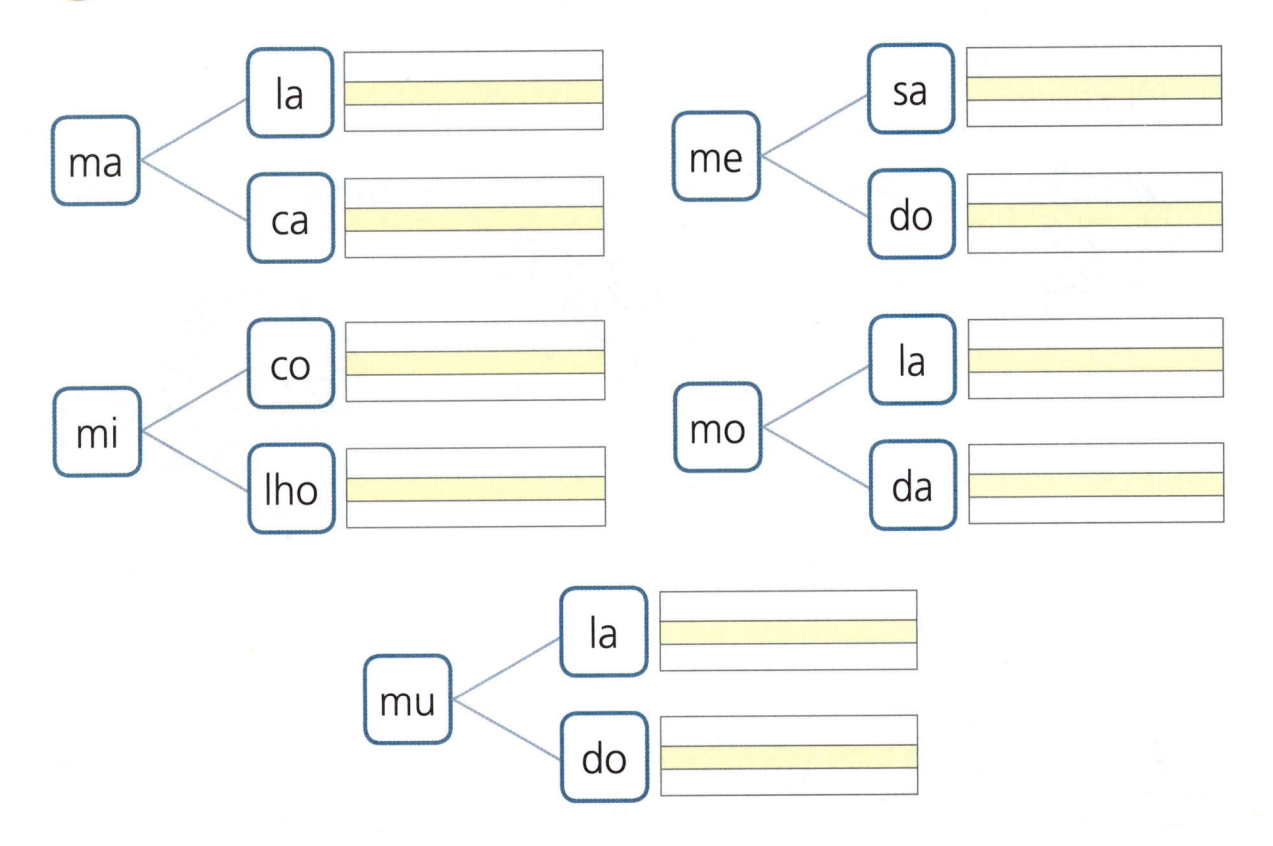

ma — la
ma — ca

me — sa
me — do

mi — co
mi — lho

mo — la
mo — da

mu — la
mu — do

3 Copie de jornais e revistas palavras com **ma**, **me**, **mi**, **mo** e **mu**.

LIÇÃO 18

As sílabas na, ne, ni, no, nu

Observe.

nabo    nó    boné

ATIVIDADES

1. Copie as frases nas linhas abaixo.

Nicolas gosta de nabo e de banana.

Nair ganhou uma boneca de pano.

2. Complete as palavras com as sílabas **na**, **ne**, **ni**, **no** ou **nu**.

ca____ ca____la ____me ____no ca____do

pisci____ ja____la ____bo____ca ____mero

3. Escreva os nomes dos desenhos abaixo.

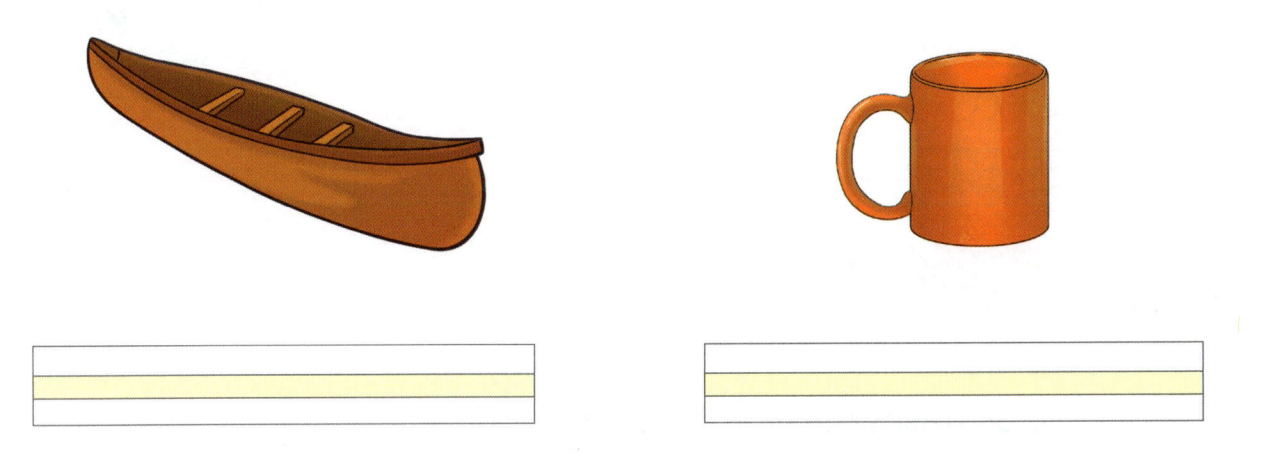

LIÇÃO 19

As sílabas pa, pe, pi, po, pu

Observe.

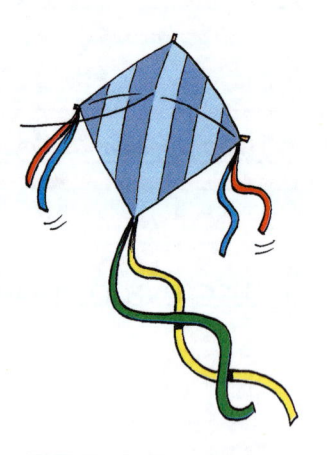

pata   pena   pipa

ATIVIDADES

1 Copie as frases nas linhas abaixo.

Paulo e Pedro gostam de pipoca.

Paola e Patrícia viram a pata.

2 Escreva os nomes das figuras.

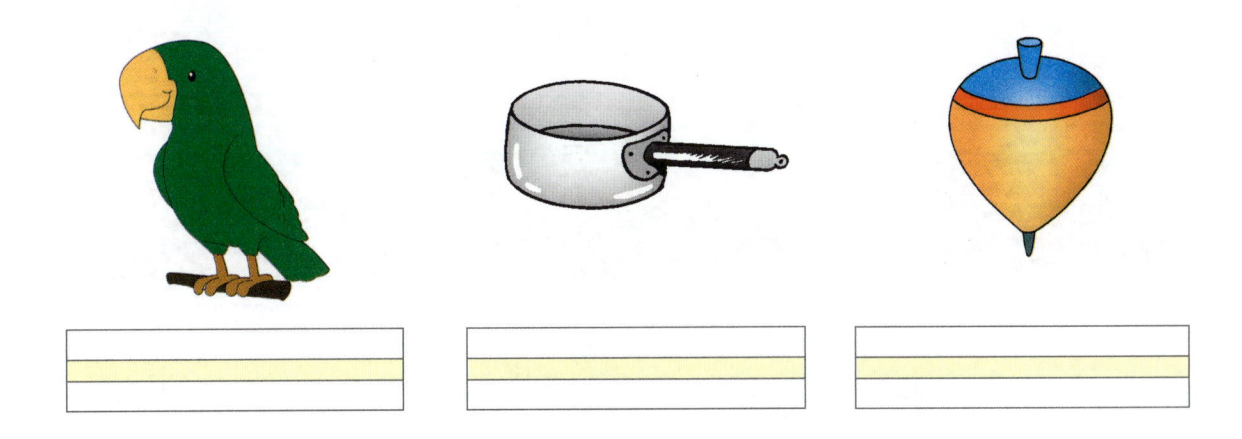

3 Complete as palavras com as sílabas **pa**, **pe**, **pi**, **po** ou **pu**.

| __mada | __poca | __ludo | __cada |

| __ano | __ci | __na | __ma |

| pa__gaio | sa__ | __ma | __a |

| __cado | __lha | __olho | __talas |

| __rede | __ru | __menta | __to |

| __lácio | __dra | __ca__tão | __bre |

LIÇÃO 20 — As sílabas qua, quo

Observe.

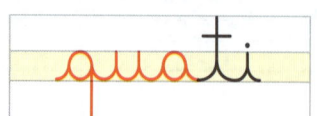

aquário   aquarela   quati

ATIVIDADES

1 Copie as frases nas linhas abaixo, substituindo os desenhos pelos seus nomes.

Pascoal tem 40 anos.

O 🐠 está perto do quadro.

O pintor pinta com a _____ .

2 Separe as sílabas das palavras.

quota

qualidade

quarto

quando

quartel

enquanto

quati

quociente

LIÇÃO 21 — As sílabas que, qui

Observe.

queijo   máquina   quiabo

ATIVIDADES

1. Copie as frases.

O periquito está no coqueiro.

O moleque gosta de queijo.

2. Escreva os nomes dos desenhos.

3. Complete as palavras com as sílabas **que** ou **qui**.

má___na a___la ___lo ___ixco ___nte

___tanda pe___no tan___ ___nto a___

LIÇÃO 22

As sílabas ra, re, ri, ro, ru

Observe.

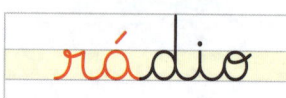

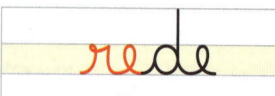

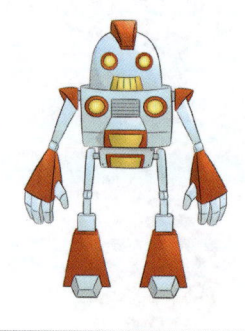

rádio   *rede*   *robô*

ATIVIDADES

1. Ligue as sílabas e forme palavras. Depois, separe as sílabas.

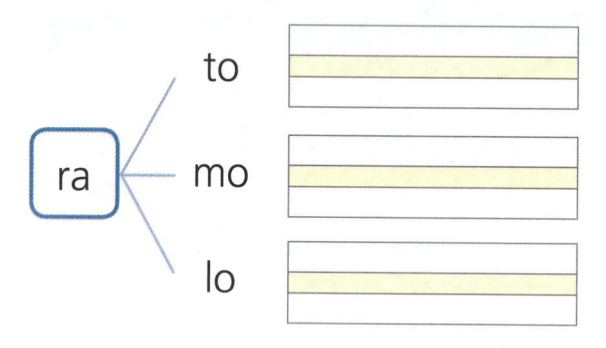

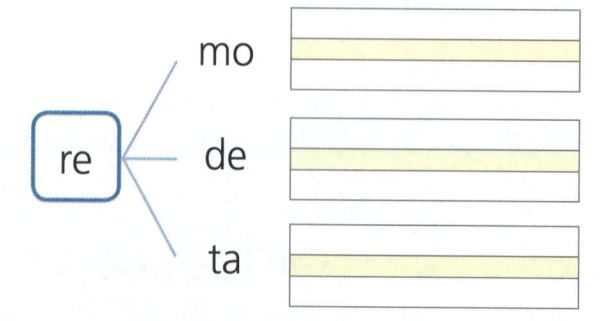

ra — to
ra — mo
ra — lo

re — mo
re — de
re — ta

2 Copie as frases, substituindo os desenhos pelos nomes correspondentes.

O 🐀 roeu a 🛏️ do 🤴 .

A 🛞 e o 🪶 estão na rua.

3 Copie os nomes nas linhas abaixo.

Ronaldo   Rita   Rute   Romeu

4 Copie as palavras.

recado

rua

Roberto

rosa

remo

revista

LIÇÃO 23
Palavras com ar, er, ir, or, ur

Observe.

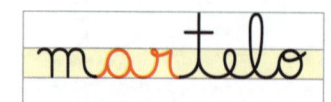

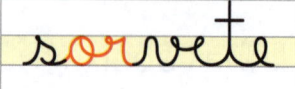

martelo   sorvete   urso

ATIVIDADES

1. Copie os nomes na linha abaixo.

Marta   Márcia   Nair   Norma

2. Complete com **ar**, **er**, **ir**, **or** ou **ur**.

b___co   c___po   c___co   g___do   col___

gola___   so___   ___mão   v___dade

b___boleta   ___gente   lag___ta   ___vilha

LIÇÃO 24 — Palavras com rr

Observe:

barraca   carreta   ferro

ATIVIDADES

1 Complete as palavras com **rr**.

ba___iga   ca___ega   so___ia   ma___eco

co___ida   ve___uga   ___bete   aba___te   ___eno

2 Separe as sílabas das palavras. Observe o modelo.

terra	arrumar
ter-ra	
carrapato	carro

3 Junte as sílabas e forme palavras. Depois, separe as sílabas.

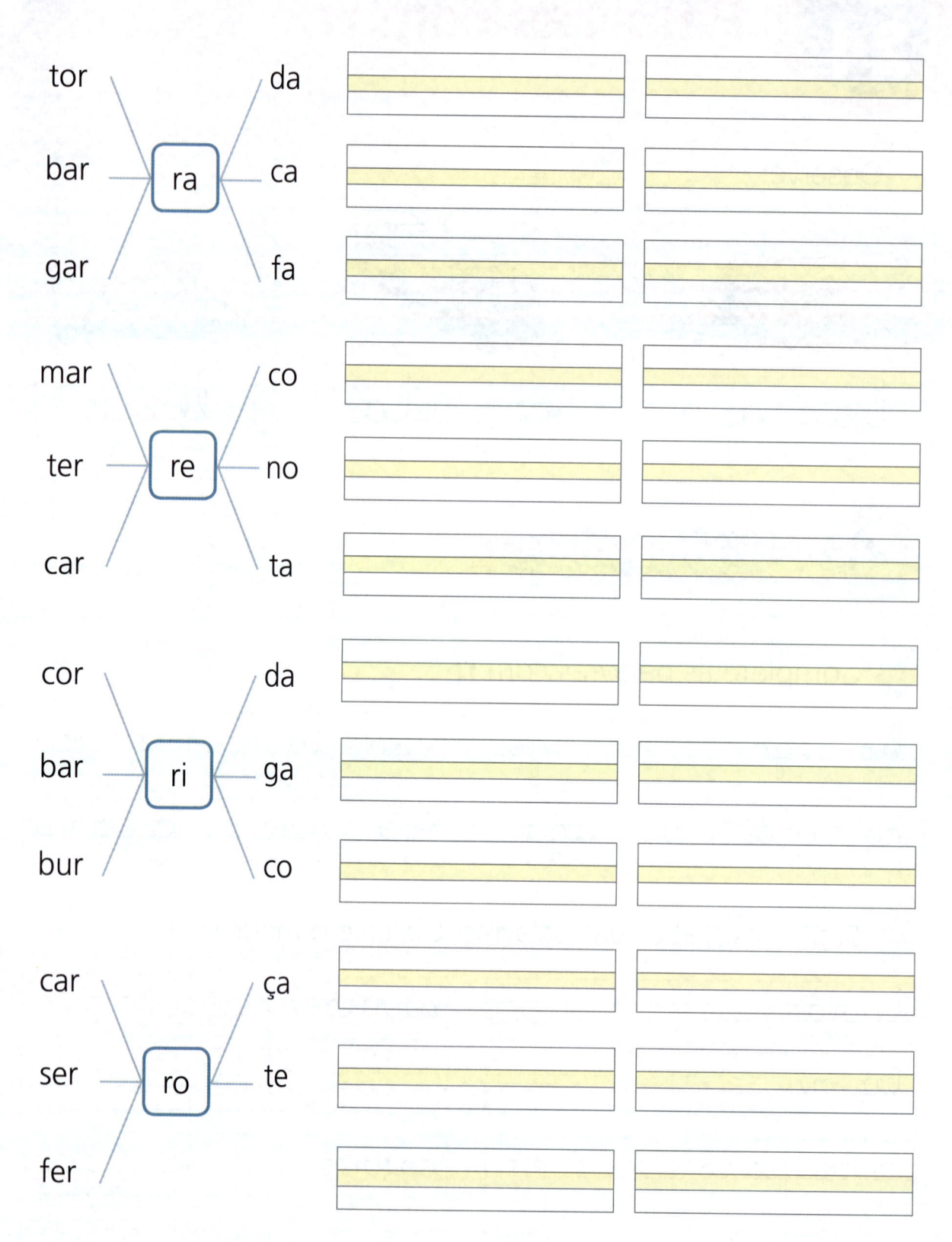

tor — ra — da
bar — ra — ca
gar — ra — fa

mar — re — co
ter — re — no
car — re — ta

cor — ri — da
bar — ri — ga
bur — ri — co

car — ro — ça
ser — ro — te
fer — ro

LIÇÃO 25 — Palavras com sa, se, si, so, su

Observe.

sacola  *selo*  *suco*

ATIVIDADE

1. Copie as frases, substituindo os desenhos pelas palavras correspondentes.

O 🐸 entrou na sala de Selma.

_____

A 👗 de Sílvia é muito curta.

_____

O 🔔 está sobre o 🛋️ .

_____

LIÇÃO 26

Palavras com ss

Observe.

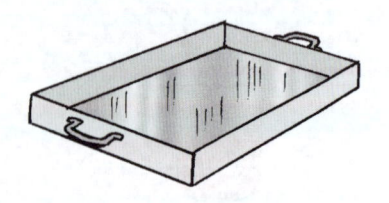

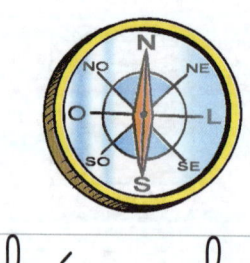

assadeira   *bússola*   *pêssego*

ATIVIDADES

1. Complete as palavras com **ss**.

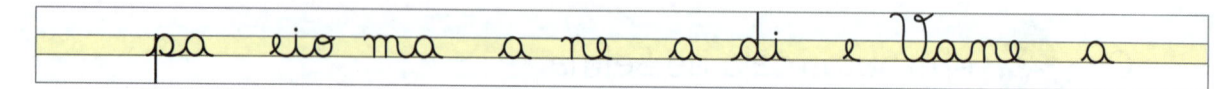

pa__eio   ma__a   ne__a   di__e   Vane__a

2. Junte as sílabas e forme palavras.

pás	sa	ro
vas	sou	ra
as	so	bi	o
		os	so

3 Separe as sílabas das palavras. Observe o modelo.

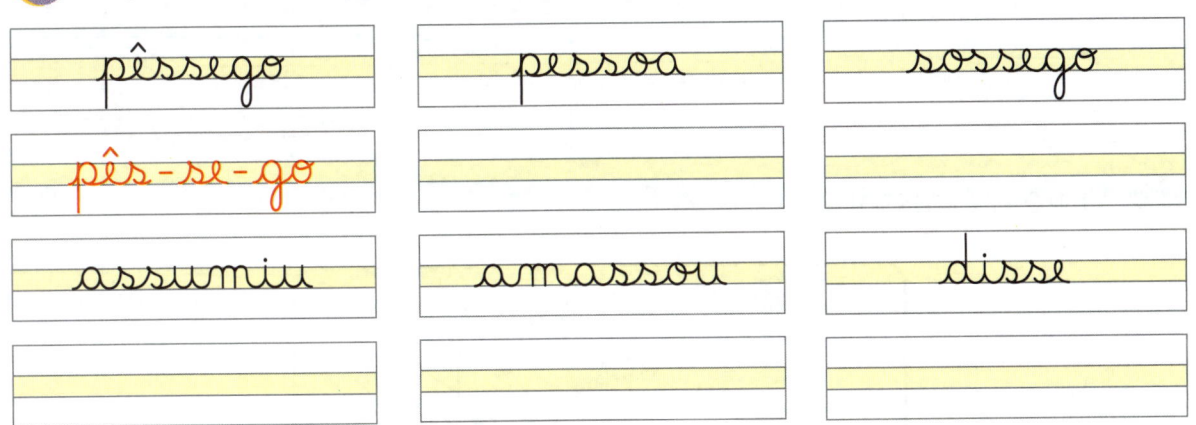

pêssego	pessoa	sossego
pês-se-go		
assumiu	amassou	disse

4 Copie as frases, substituindo os desenhos pelas palavras correspondentes.

O 🐦 fugiu da 🪺.

_____

O 🐕 corre para pegar o 🦴.

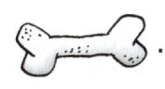

_____

Vanessa varre a 🏠 com a 🧹.

_____

O 🌻 é muito grande.

5) Pinte o girassol.

- Agora, forme frases com a palavra **girassol**.

LIÇÃO 27

Palavras com s e som de z

Observe.

rosa *vaso* *besouro*

ATIVIDADES

1. Copie as frases, substituindo os desenhos pelas palavras correspondentes.

O 🧥 e a camiseta são de Rosa.

_____

Esta 🪑 é da 🏠 de Roseli.

_____

2 Complete as palavras com **sa**, **se**, **si**, **so** ou **su**.

cami____   mú____ca   ____gulo   ____vi____ta   ____li____

sorri____   ____ga   ____lina   ca____lo   de____nho   ____ca

3 Pinte a rosa, a tesoura e a asa.

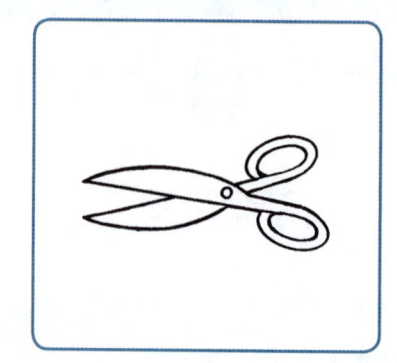

- Agora, escreva uma frase para cada imagem.

LIÇÃO 28

Palavras com as, es, is, os, us

Observe.

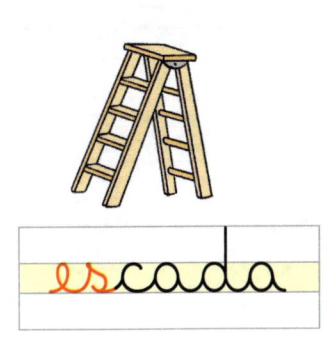

escada *castelo* *lustre*

ATIVIDADES

1 Complete as palavras com **as**, **es**, **is**, **os** ou **us**.

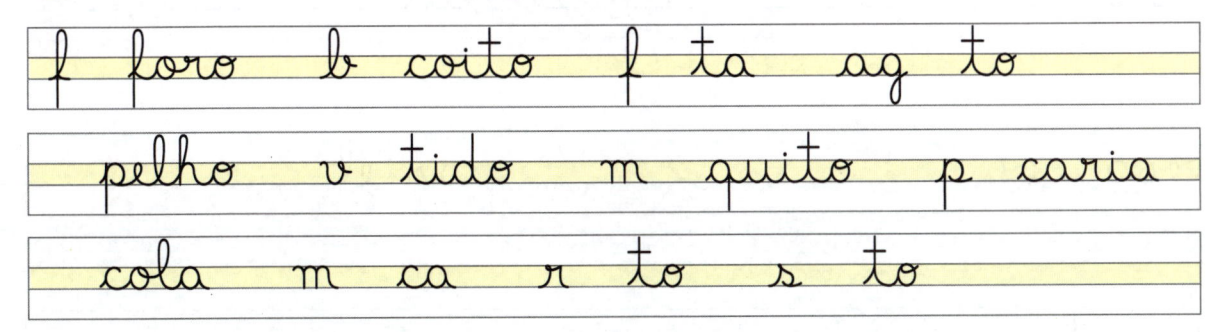

f___foro   b___coito   f___ta   ag___to

___pelho   v___tido   m___quito   p___caria

cola___   m___ca___r___to   ___s___to

2 Ligue as partes e forme palavras.

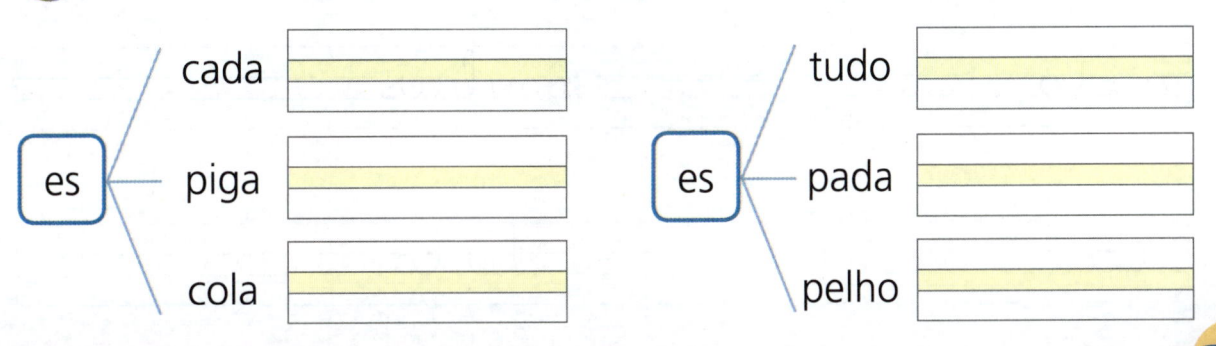

es — cada / piga / cola

es — tudo / pada / pelho

3 Copie as frases, substituindo os desenhos pelas palavras correspondentes.

Ester usou a 🎭 na festa.

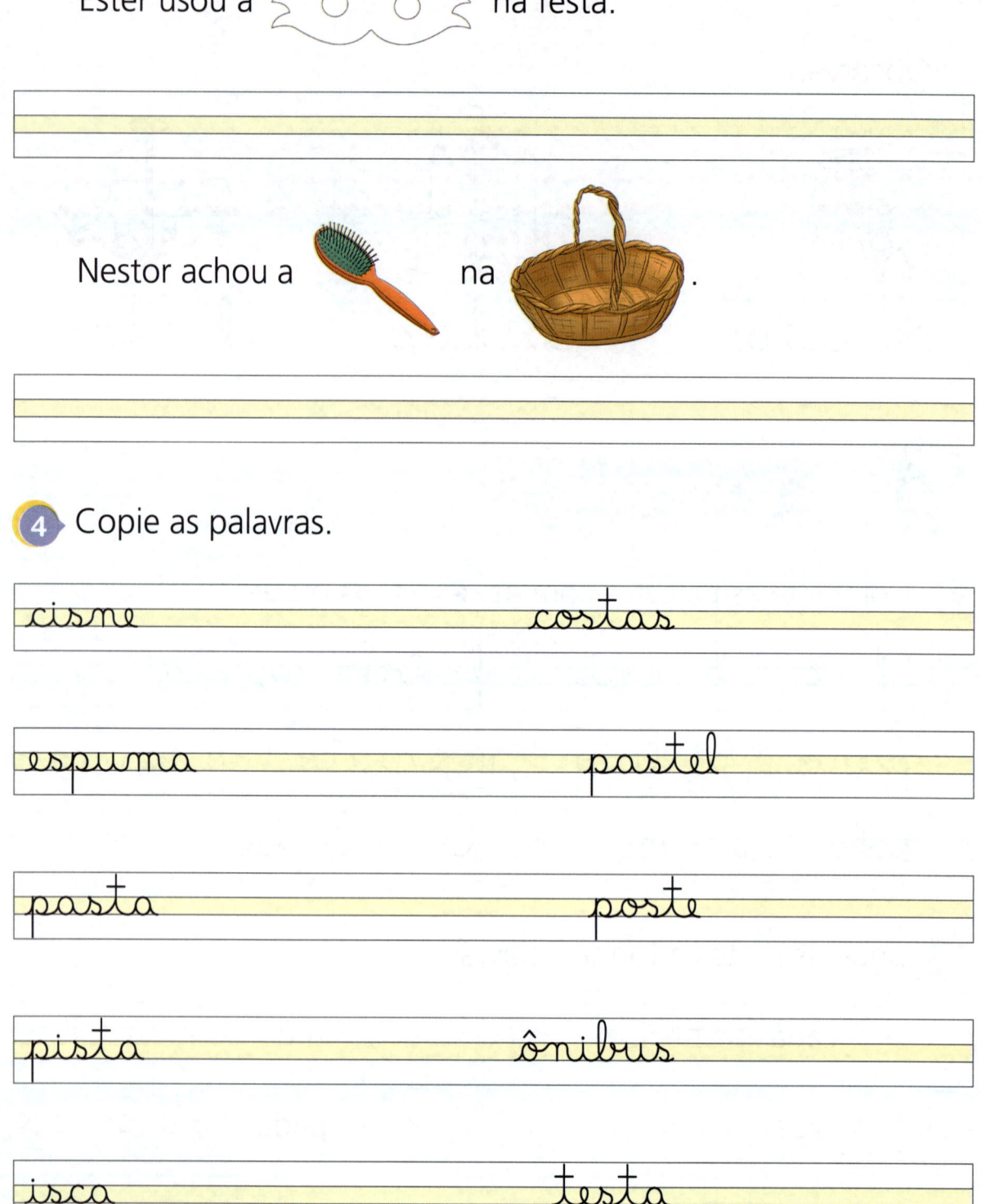

_____

Nestor achou a 🖌 na 🧺.

_____

4 Copie as palavras.

cisne   costas

espuma   pastel

pasta   poste

pista   ônibus

isca   testa

CALIGRAFIA

LIÇÃO 29 — Palavras com ta, te, ti, to, tu

Observe.

tatu   tomate   tijolo

ATIVIDADES

1 Copie as palavras.

Tiago   Teresa   Tadeu   Talita

tubarão   telhado   toalha   time   teia

2 Escreva os nomes das figuras separando as sílabas.

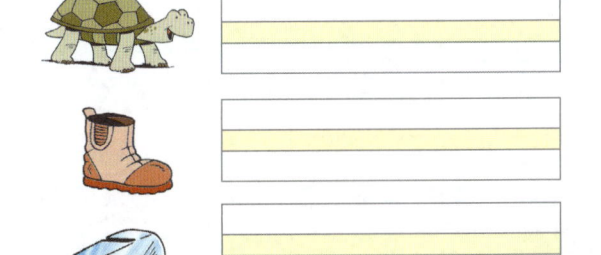

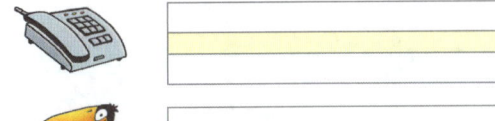

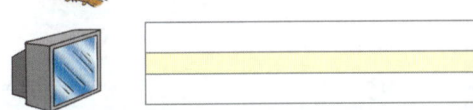

LIÇÃO 30
As sílabas va, ve, vi, vo, vu

Observe.

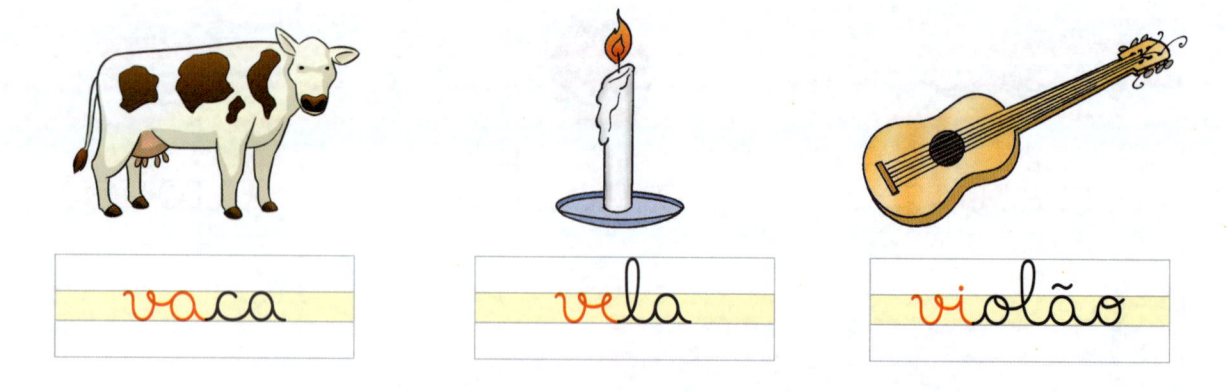

vaca   vela   violão

ATIVIDADES

1. Junte as sílabas e forme palavras.

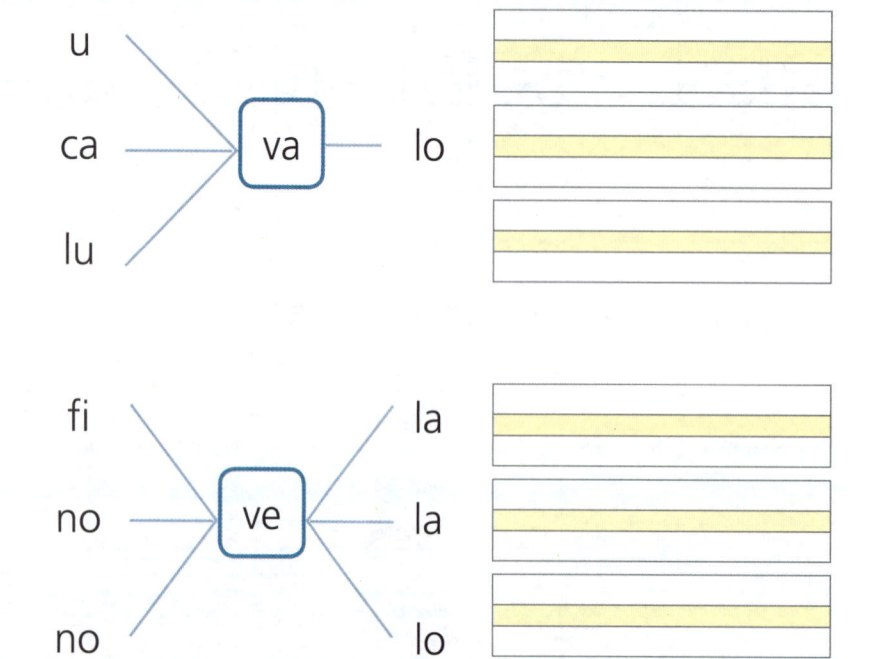

u
ca — va — lo
lu

fi — la
no — ve — la
no — lo

68 CALIGRAFIA

2 Copie as frases, substituindo os desenhos pelas palavras correspondentes.

Vitória viajou de ✈ .

Vera toca 🎸 para Vanessa.

Vanda vende 🍇 .

3 Complete com as sílabas que faltam.

| ola | cina | neno | ludo | oleta |
| no | lo | ado | olão | leta | agem |

LIÇÃO 31

Os cinco sons do x

X com som de ch

Observe.

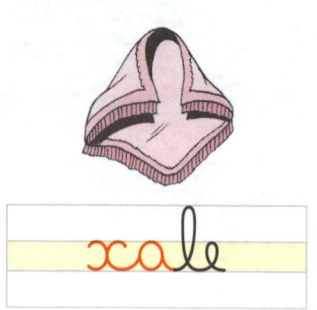

xale   *peixe*   *lixo*

ATIVIDADES

1 Complete as palavras com **xa**, **xe**, **xi**, **xo** ou **xu**.

rope___   abaca___   be___   ga___   cara___   lu___

rife___   lu___   ___oso   ___cro   amei___   li___

2 Separe as sílabas das palavras abaixo.

caixote	ameixa

deixava	abacaxi

3) Copie as frases, substituindo os desenhos pelos seus nomes.

Alexandre já tomou o [xarope].

Colocou o [peixe] no [caixote].

Outros sons de x

Observe.

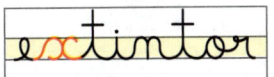

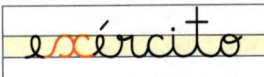

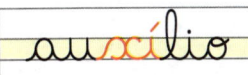

| O som de **s**. | O som de **z**. | O som de **cs**. | O som de **ss**. |

e**x**tintor   e**x**ército   tá**x**i   au**x**ílio

ATIVIDADES

1) Copie as palavras.

e**x**posição   e**x**cursão   e**x**terno   e**x**tra

exame   exercício   exemplo

saxofone   boxe   maxilar

auxílio   máximo   próxima

2 Separe as sílabas das palavras.

trouxe   auxiliar   máximo

texto   excursão   saxofone

reflexo   maxilar   tóxico

LIÇÃO 32

As sílabas za, ze, zi, zo, zu

Observe.

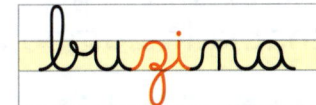

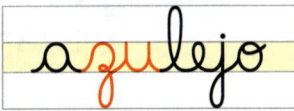

zebu   *buzina*   *azulejo*

ATIVIDADES

1. Copie as frases, substituindo os desenhos pelas palavras correspondentes.

A 🦓 está no zoológico.

_____

Zilda colocou 🥫 na 🫒.

_____

Zacarias toca 🥁 muito bem.

_____

73

A [zebra] e o [boi] corriam no campo.

> Zabumba é um tambor grande.
> É também chamado bombo ou bumbo.

2 Pinte as palavras com as sílabas **za**, **ze**, **zi**, **zo** e **zu**. Depois, escreva-as abaixo.

A	Z	E	I	T	E	B	P	G
B	A	T	I	Z	A	D	O	H
N	B	E	L	E	Z	A	J	L
Z	E	L	O	M	Z	O	N	A
A	Z	U	L	O	T	V	X	Z
Z	Í	P	E	R	O	N	A	L
P	G	A	Z	U	L	Ã	O	M

LIÇÃO 33

Palavras com az, ez, iz, oz, uz

Observe.

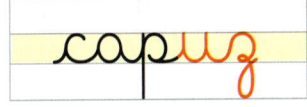

perd*iz*   n*oz*   cap*uz*

ATIVIDADES

1. Copie as frases, substituindo os desenhos pelas palavras correspondentes.

O rapaz feriu o 🖼️ .

_____

O 🖼️ e a 🖼️ são aves.

_____

2 Separe as sílabas das palavras.

xadrez

arroz

cartaz

rapidez

chafariz

feliz

3 Siga o modelo.

vez – vezes / noz – nozes

voz –

rapaz –

perdiz –

cartaz –

raiz –

feroz –

capuz –

juiz –

LIÇÃO 34

Palavras com al, el, il, ol, ul

Observe.

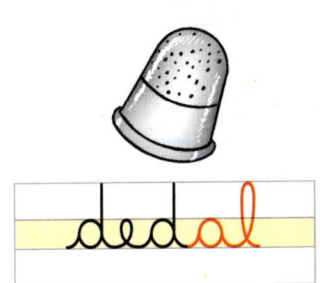

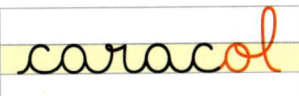

dedal   caracol   carretel

ATIVIDADES

1 Copie as palavras nos lugares certos.

Carnaval – farol – barril – funil – azul – pulga – pincel – balde
papel – pulseira – soldado – bolsa – jornal – pastel – anil

al

el

il

ol

ul

2 Copie as frases abaixo.

Olga comeu pastel no almoço.

Nos mares do sul há muito sol.

Elza salgou a comida.

Alda leu o jornal no quintal.

Milton tem um cão maltês.

LIÇÃO 35

Palavras com ão, ã

Observe.

balão

rã

ATIVIDADES

1 Copie as frases.

Sebastião gosta de jogar pião.

João comeu macarrão com camarão.

2 Escreva os nomes das figuras.

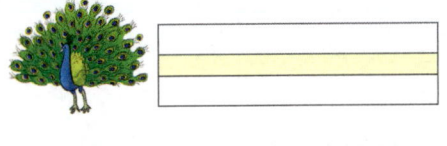

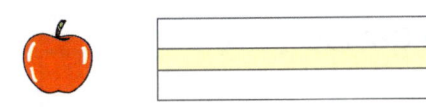

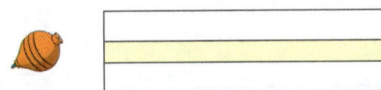

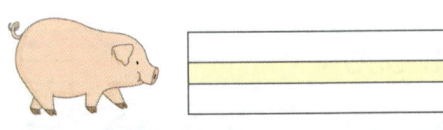

3 Separe as sílabas das palavras.

avião

macarrão

botão

camarão

Emprego de ãos, ães, ãs e ões

ATIVIDADES

1 Observe e complete de acordo com os modelos.

a mão   as mãos

o grão

o irmão

o botão   os botões

o gavião

o fogão

o pão   os pães

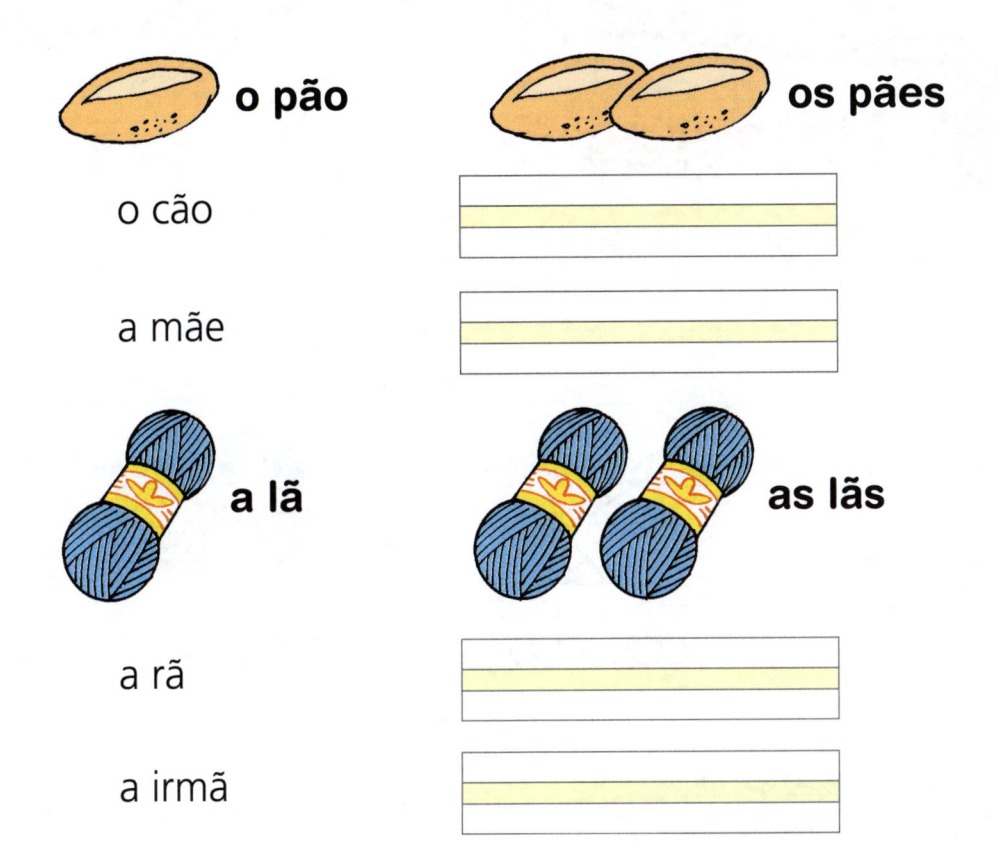

o cão   _____

a mãe   _____

a lã   as lãs

a rã   _____

a irmã   _____

2 Escreva os nomes dos desenhos.

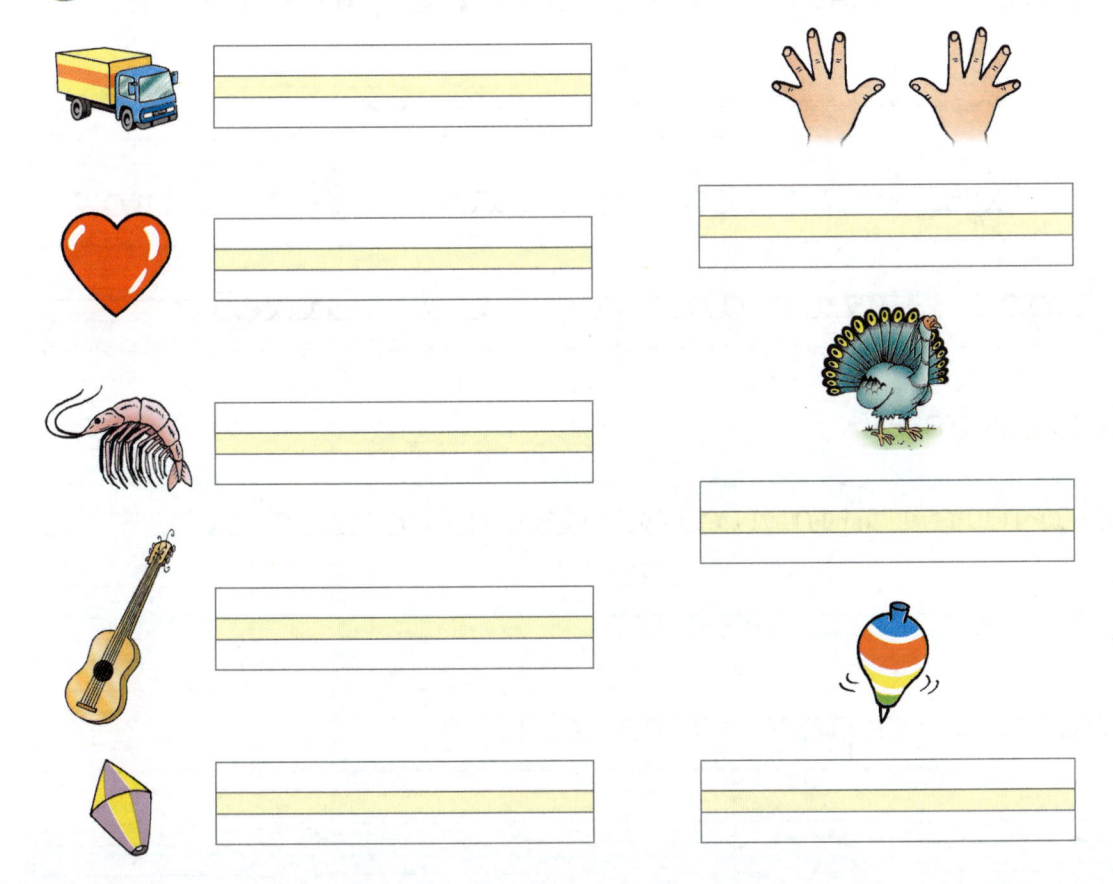

LIÇÃO 36 — Palavras com n depois de vogal

Observe.

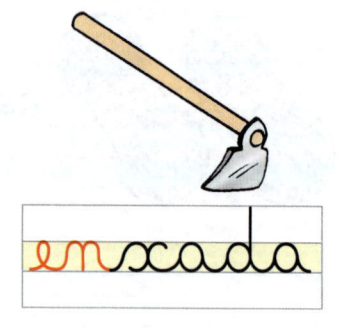

anta   enxada   rinoceronte

ATIVIDADES

1 Complete as palavras a seguir com **an**, **en**, **in**, **on** ou **un**.

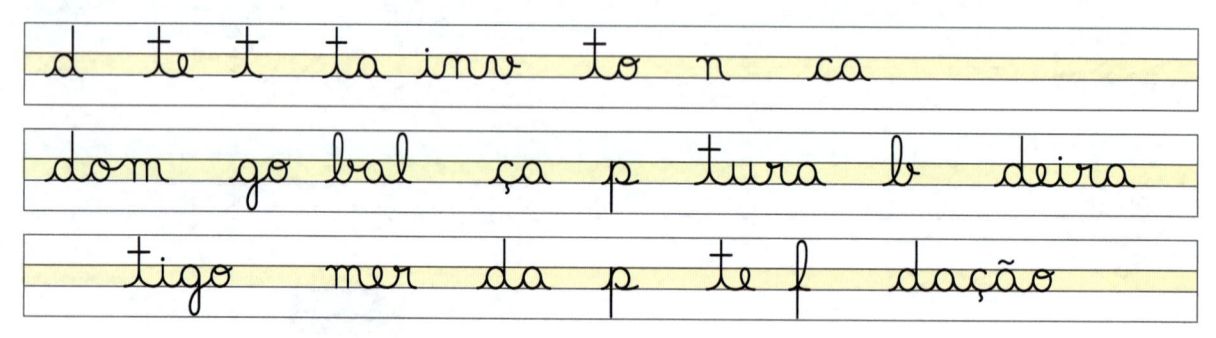

d__te   t__ta   inv__to   __n__ca

dom__go   bal__ça   p__tura   b__deira

__tigo   mer__da   p__te   f__dação

2 Copie as frases.

Antônio e Henrique viram a anta.

Vanda comprou um cinto.

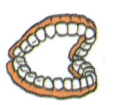

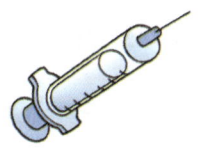

3 Escreva os nomes das figuras separando as sílabas.

LIÇÃO 37

Palavras com m antes de p e b

Observe.

lâmpada *pombo* *bumbo*

Atenção! Antes de b e p escrevemos m.

ATIVIDADES

1 Escreva as frases, substituindo os desenhos pelas palavras correspondentes.

Humberto gosta de 🥧.

O 👨‍🚒 e a 🚑 chegaram.

84 CALIGRAFIA

2 Ordene as palavras e forme frases.

bombeiro O é do tambor

_____

campeão um levou tombo O

_____

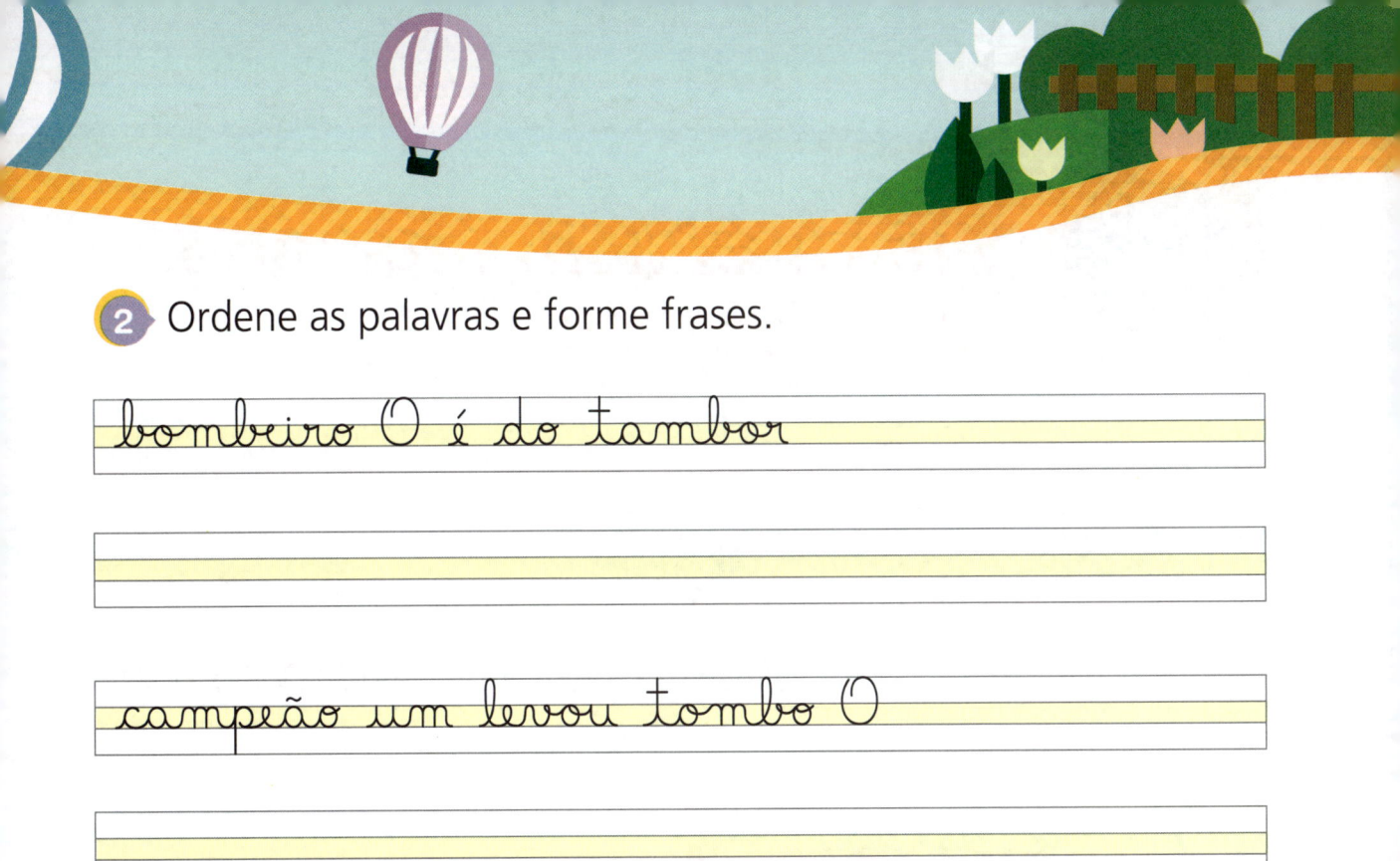

3 Separe as sílabas das palavras.

ampola   lâmpada

umbigo   pomba

bombeiro   campo

empada   tombo

LIÇÃO 38 — Palavras com nha, nhe, nhi, nho, nhu

Observe.

aranha   dinheiro   minhoca

ATIVIDADES

1. Escreva as frases, substituindo os desenhos pelas palavras correspondentes.

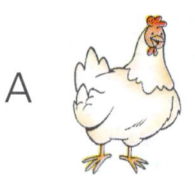

A 🐔 come 🦗 e 🪱.

A 👸 machucou a ☝️ no banheiro.

2) Separe as sílabas das palavras. Observe o modelo.

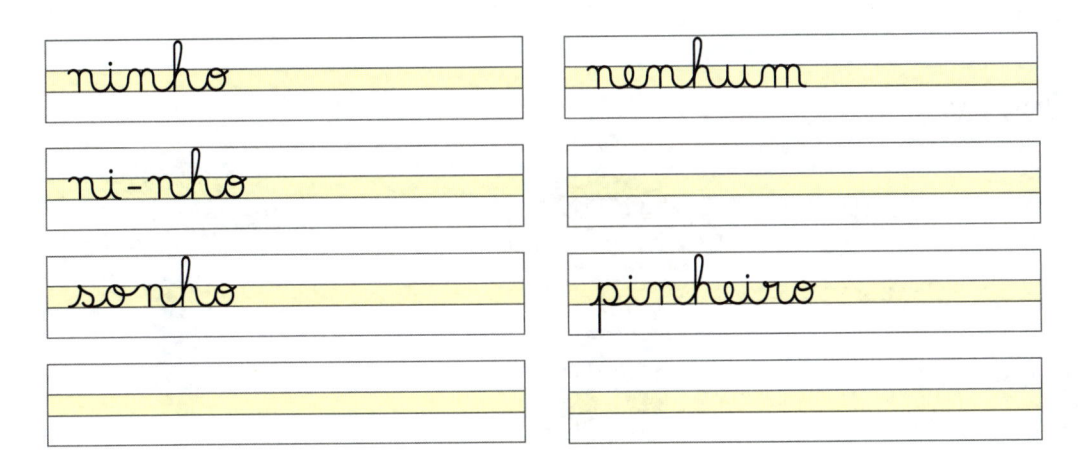

ninho

nenhum

ni-nho

sonho

pinheiro

3) Ligue as partes e escreva as palavras formadas.

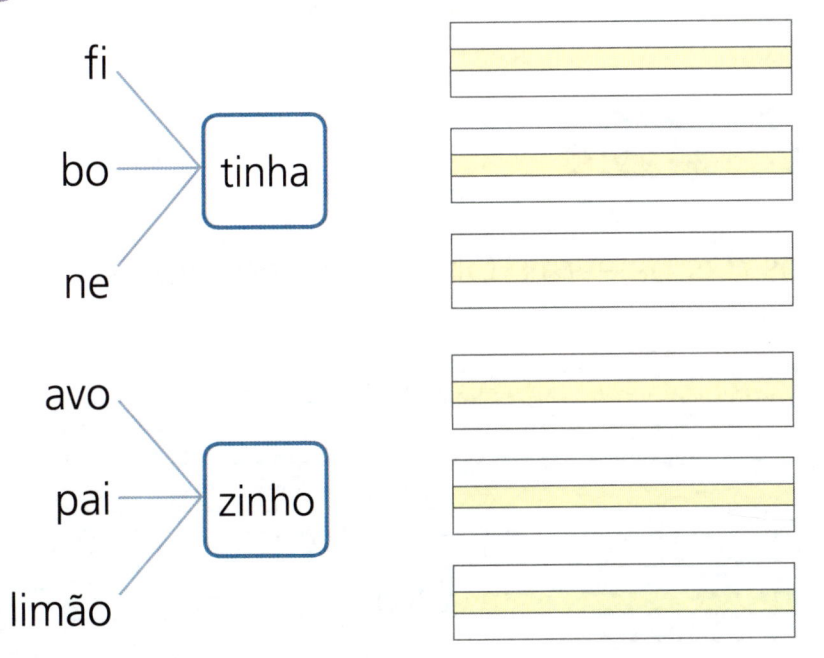

fi
bo → tinha
ne

avo
pai → zinho
limão

4) Copie a frase.

O vizinho comprou um carrinho.

LIÇÃO 39
Palavras com lha, lhe, lhi, lho, lhu

Observe:

ovelha   palhaço   espantalho

ATIVIDADES

1. Separe as sílabas das palavras. Observe o modelo.

ovelha	velhice
o-ve-lha	
coelho	milho
repolho	telhado

2 Copie as palavras.

| palha | folha |

| galho | olho |

| velho | toalha |

3 Escreva os nomes dos desenhos, seguindo a numeração.

1. _____ 2. _____ 3. _____

4. _____ 5. _____ 6. _____

LIÇÃO 40

Palavras com cha, che, chi, cho, chu

Observe:

charrete    cachorro 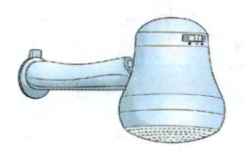   chuveiro

ATIVIDADES

1. Ordene as palavras e forme frases.

Caiu na chuva chácara

_____

chupeta é A Chiquinho do

_____

2. Separe as sílabas das palavras.

chaveiro   cachecol

_____   _____

3 Escreva os nomes dos desenhos.

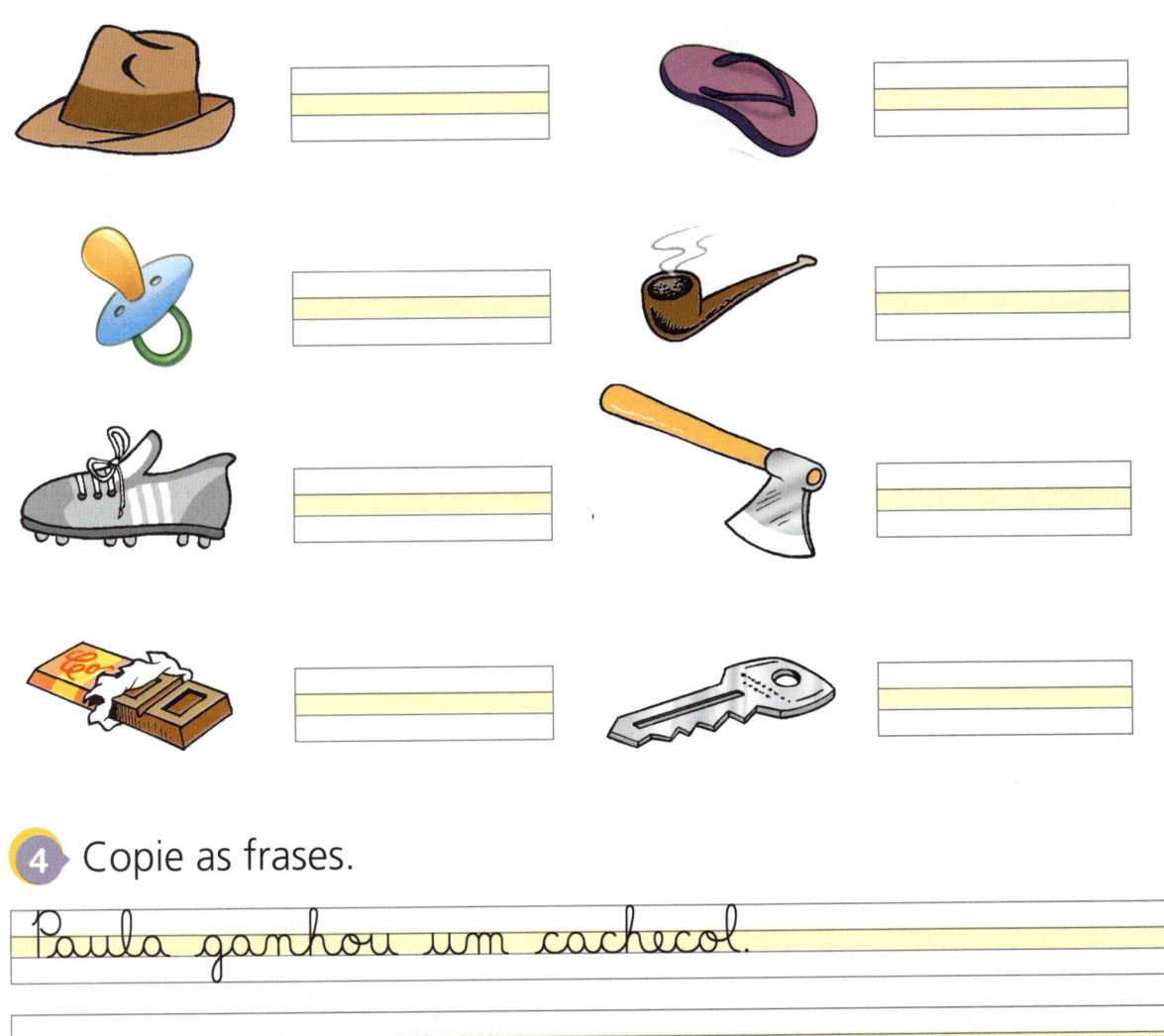

4 Copie as frases.

Paula ganhou um cachecol.

Papai foi de charrete para a chácara.

5 Copie as palavras.

chicória

chuchu

chinês

choca

chocolate

6 Separe as sílabas das palavras.

chaveiro   bochecha

bicho   chuva

cochicho   chinelo

LIÇÃO 41

Palavras com bl, cl, fl, gl, pl, tl

Observe.

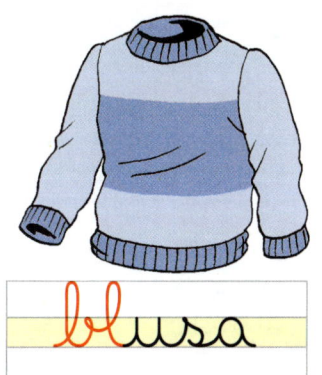

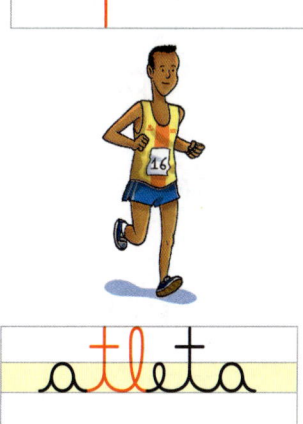

blusa	bicicleta	flor
globo	placa	atleta

ATIVIDADES

1. Copie os nomes dos desenhos acima.

2 Separe as sílabas das palavras.

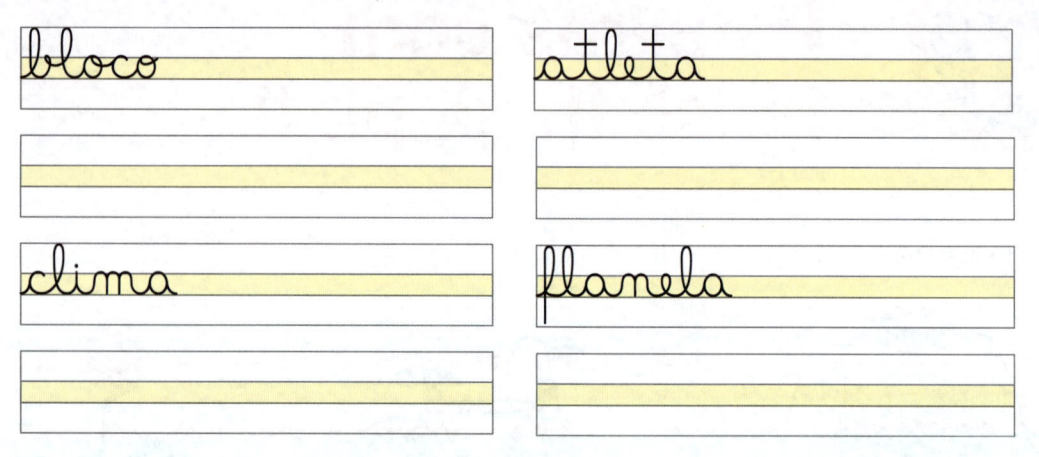

bloco

atleta

clima

flanela

3 Acrescente a letra *l* e forme novas palavras.

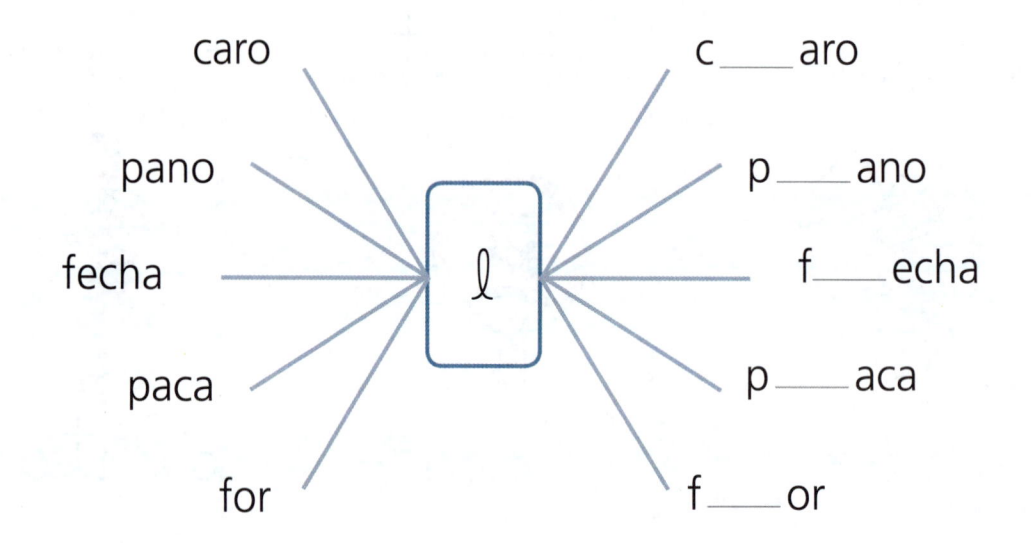

caro — c___aro
pano — p___ano
fecha — *l* — f___echa
paca — p___aca
for — f___or

• Copie na linha abaixo as palavras formadas.

4 Copie a frase.

Clara colheu flores no jardim.

LIÇÃO 42

Palavras com br, cr, dr, fr, gr, tr, vr

Observe.

brigadeiro  — cravo  — dragão  — frutas

igreja  — estrela  — livro

ATIVIDADES

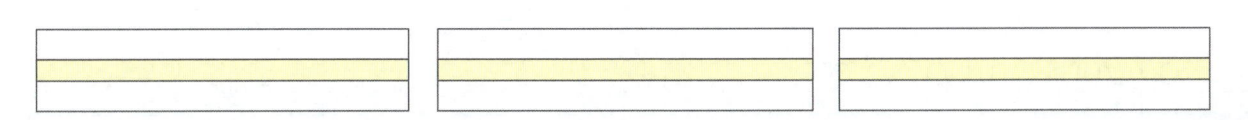

1. Copie os nomes das figuras acima.

2 Copie as frases, substituindo os desenhos pelas palavras correspondentes.

Pedro gosta de jogar ♞ .

Adriano ganhou uma 👔 .

3 Separe as sílabas das palavras.

estrada

tigre

zebra

grade

4 Copie as palavras.

braço

prato

crescer

trabalho

apresentação